黄金柱の誉れ

創価学会壮年部
指導集

聖教新聞社

〈指針〉

壮年は広宣流布の黄《おう》金《ごん》柱《ばしら》

壮年部こそ
広布の黄金《おうごん》の柱《はしら》である。
どうか壮年部の皆《みな》さまは、
はつらつと、若々《わかわか》しく、率先《そっせん》して
「皆のために行動《こうどう》する」人生を
送《おく》っていただきたい。

壮年部結成
50周年記念
50th anniversary

創価学会インタナショナル会長 池田大作

壮年部結成
50周年記念
50th anniversary

壮年部3モットー

一、生《しょう》涯《がい》求《きゅう》道《どう》の壮年部

福島·猪苗代町

「求道《きゅうどう》の人生」は
行き詰《づ》まらない。
限《かぎ》りなく向上《こうじょう》し、
力《ちから》を湧《わ》き出させて
いくものです。

札幌市

壮年部結成
50周年記念
50th anniversary

一、職場で勝利する壮年部

壮年部3モットー

横浜市

日々の仕事も即《そく》、信心である。
ゆえに仕事で勝っていくことが
即、仏法《ぶっぽう》の勝負の証《あか》しとなる。

広島市

壮年部結成
50周年記念
50th anniversary

壮年部3モットー

一、地域貢《こう》献《けん》の壮年部

沖縄·国頭郡

自身が住《す》んでいる地域を愛《あい》し、
地域に貢献《こうけん》し、
そこを栄《さか》えさせ、
常寂光土《じょうじゃっこうど》としていくのは、
仏法者《ぶっぽうしゃ》の責任《せきにん》であり、
使命《しめい》である。

宇都宮市

「滝《たき》」は壮年部の象徴《しょうちょう》だ。
今、全国で、滝の如《ごと》く、
朗《ほが》らかに堂々《どうどう》と、
わが壮年部が
立ち上がってくれている。
景気《けいき》は、依然《いぜん》として深刻《しんこく》だ。
先行《さきゆ》きの見えない混迷《こんめい》が
続いている。
その中で、壮年部の戦友《せんゆう》は、
歯《は》を食《く》いしばって
奮闘《ふんとう》する日々だ。

池田SGI会長の「滝」の詩（34ページ参照）が刻まれた碑（青森、東北研修道場）

壮年部結成
50周年記念
50th anniversary

地《ち》より涌《わ》く
勇士《ゆうし》のスクラム
いずこにも
黄金柱《はしら》は立《た》ちたり
創価は無敵《むてき》と

池田大作SGI（創価学会インタナショナル）会長は、入信69周年（2016年）の8月24日、「全世界の尊《とうと》き地涌《じゆ》の宝友《とも》の健康長寿《ちょうじゅ》と幸福勝利を深く祈りつつ」との言葉とともに、和歌を詠《よ》んだ

発刊の辞

創価の黄《おう》金《ごん》柱《ばしら》よ
勇《ゆう》者《しゃ》にして勝《しょう》者《しゃ》の一生を！

創価学会インタナショナル会長

男は「柱」である。それぞれの使命の城《しろ》を担《にな》い立つ「柱」である。

私には、日本全国の津《つ》々《つ》浦《うら》々《うら》に、また、世界五大州《ごだいしゅう》のあの国この地に、揺《ゆ》るがぬ「柱」と仰《あお》ぐ宝友《ほうゆう》がいる。

「今」という時に巡《めぐ》り合《あ》わせ、創価の大城《だいじょう》を支《ささ》え守り、地涌《じゆ》の陣列《じんれつ》を創《つく》り広げる「黄金柱《おうごんばしら》」ほど頼《たの》もしいものはない。

幾度《いくど》も共々に険難《けんなん》の峰《みね》を越《こ》えてきた、わが盟友《めいゆう》たちの顔《かんばせ》を見るたびに、胸《むね》に熱いものが込《こ》み上《あ》げる。

一人ひとりのもとに駆《か》け寄《よ》って、肩《かた》を抱《だ》き、握手《あくしゅ》を交《か》わし、尊《とうと》き健闘《けんとう》を労《ねぎら》い、讃《たた》えたい気持ちでいっぱいだ。

壮年部の結成より五十周年――。共戦の大将軍《だいしょうぐん》たちに、私の溢《あふ》れる真情《しんじょう》を託《たく》したのが、この一書である。


創価の「柱」は、いかなる風雪《ふうせつ》にも負けずに年輪《ねんりん》を刻《きざ》みゆく大樹《たいじゅ》の如《ごと》く、天《てん》を突《つ》いて聳《そび》え立《た》つ。

勇士《ゆうし》が意気《いき》壮《さか》んに生《い》き抜《ぬ》く秘訣《ひけつ》は何か。その一つは「学ぶ心」といってよいだろう。

歴史を彩《いろど》る英傑《えいけつ》たちは、激務《げきむ》・激闘《げきとう》の合間《あいま》をぬって競《きそ》うように学んでいた。

以前、鑑賞《かんしょう》した東京富士美術館の「大三国志展《だいさんごくしてん》」に、偉丈夫《いじょうふ》の関羽《かんう》が歴史書『春秋《しゅんじゅう》』を読みふけり思索《しさく》している絵画があったことを思い起こす。

『正史《せいし》　三国志《さんごくし》』によれば、劉備《りゅうび》は「知恵《ちえ》を増《ま》すようにせよ」と語り、曹操《そうそう》は「老《お》いてますます学問を好むようになった」ことを誇《ほこ》り、孫権《そんけん》は「大人になってからも積極的《せっきょくてき》に自己《じこ》の向上《こうじょう》をめざす」ことを讃《たた》えた。

なかんずく、逆境《ぎゃっきょう》からも雄々《おお》しく学び、ダイナミックに価値《かち》を創造《そうぞう》する。これが「創価」の英雄《えいゆう》だ。

中国の文豪《ぶんごう》・王蒙氏《おうもうし》と私との対談でも、「学ぶ心」が話題になった。王蒙氏自身、思うにまかせぬ歳月《さいげつ》も、一歩また一歩と前へ学び進まれた。

「逆境《ぎゃっきょう》とは、学習・充電《じゅうでん》の良いチャンス」「さまざまな苦難《くなん》を経《へ》れば経るほど、より多くの感動と啓発《けいはつ》が得《え》られます」と語る言葉は、誠《まこと》に味わい深い。

人生には、春夏秋冬《しゅんかしゅうとう》の四季がある。烈日《れつじつ》の日もあれば、秋霜《しゅうそう》の日もある。その中で、一家眷属《けんぞく》のため、友のため、地域のため、社会のため、大いなる理想のため、矢面《やおもて》に立って一歩も退《しりぞ》かない。打たれれば打たれるほど、不屈《ふくつ》の智慧《ちえ》の光を放《はな》ちゆく奮闘《ふんとう》の日々は、辛労《しんろう》は多くとも、「陰徳陽報《いんとくようほう》」の栄光を永劫《えいごう》に刻《きざ》みゆくのだ。

現実《げんじつ》の闘争《とうそう》は熾烈《しれつ》だ。しかし、たとえ絶体絶命《ぜったいぜつめい》に思えたとしても、「柱」さえ厳然《げんぜん》と屹立《きつりつ》していれば、そこから反転攻勢《はんてんこうせい》の勝負が始まる。

初代会長・牧口常三郎先生が拝《はい》されていた御書に、朱線《しゅせん》の引かれた一節《いっせつ》があった。

「強敵《ごうてき》を伏《ふく》して始《はじめ》て力士《りきし》をしる、悪王《あくおう》の正法《しょうほう》を破《やぶ》るに邪法《じゃほう》の僧等《そうら》が方人《かたうど》をなして智者《ちしゃ》を失《うしな》はん時は師子王《ししおう》の如《ごと》くなる心をもてる者　必ず仏《ほとけ》になるべし」（御書九五七ジペー）

日蓮大聖人が五十一歳の時、流罪《るざい》の地で、大難《だいなん》の中、認《したた》められた御文《ごもん》である。何と雄渾《ゆうこん》なる大宣言《だいせんげん》であろうか。

試練《しれん》の時に「師子王《ししおう》の心」を燃《も》やしてこそ、仏《ほとけ》となる。人間革命できる。永《えい》遠《えん》の大福運《だいふくうん》が積《つ》める。

厳冬《げんとう》の佐渡《さど》で一切を耐《た》え忍《しの》ばれた御本仏《ごほんぶつ》の大闘争《だいとうそう》を思えば、我《われ》らの目の前の苦難《くなん》など「九牛《きゅうぎゅう》の一毛《いちもう》」に過《す》ぎないと、牧口先生は獄中《ごくちゅう》で述懐《じゅっかい》された。

さらに、第二代会長・戸田城聖先生が、牧口先生と深く心肝《しんかん》に染《そ》め抜《ぬ》かれた御金言《ごきんげん》がある。

「日蓮御房《ごぼう》は師匠《ししょう》にておはせども余《あまり》にこはし《剛》我等《われら》はやはらか《柔》に法華経《ほけきょう》を弘《ひろ》むべしと云《いわ》んは螢火《ほたるび》が日月《にちがつ》をわらひ蟻塚《ありづか》が華山《かざん》を下《くだ》し井江《せいこう》が河海《かかい》をあなづり烏鵲《かささぎ》が鸞鳳《らんほう》をわらふなるべしわらふなるべし」（同九六一ページ）

臆病《おくびょう》な退転者《たいてんしゃ》を、師子王《ししおう》の大境涯《だいきょうがい》から笑い飛ばされた佐渡御書《さどごしょ》の結《むす》びの御文《ごもん》である。

小賢《こざか》しい人間は、大恩《だいおん》ある師匠さえ蔑《ないがし》ろにし、我見《がけん》に走り、保身《ほしん》を図《はか》る。それは、いくら立派《りっぱ》そうに見せても、日蓮仏法《ぶっぽう》の柱というべき「師弟の魂《たましい》」を失《うしな》った、滑稽《こっけい》極《きわ》まりない哀《あわ》れな末路《まつろ》なのだ。軍部《ぐんぶ》に迎合《げいごう》し、宗祖《しゅうそ》に違背《いはい》して、崩壊《ほうかい》した邪宗門《じゃしゅうもん》の姿《すがた》そのものであった。

殉教《じゅんきょう》の道を悠然《ゆうぜん》と貫《つらぬ》かれた先師《せんし》・牧口先生。弟子の戸田先生は生きて獄《ごく》を出て、巌窟王《がんくつおう》の戦いを開始した。

不二《ふに》の師弟は、偉大《いだい》なり。崇高《すうこう》なり。永遠《えいえん》なり。

私もまた、師と苦楽《くらく》を分《わ》かち、運命を共にすることを喜びとして、「世界広《こう》宣流布《せんるふ》」即《そく》「世界平和」の道なき道を開き、先師《せんし》と恩師《おんし》の構想《こうそう》を全《すべ》て実現《じつげん》してきた。絶対《ぜったい》に信頼《しんらい》できる同志《どうし》と、百九十二カ国・地域に人間主義《しゅぎ》の連帯《れんたい》を広げてきたのだ。

「師弟」という究極《きゅうきょく》の柱が盤石《ばんじゃく》なる限《かぎ》り、創価の民衆城《みんしゅうじょう》には、万代《ばんだい》に正義《せいぎ》の凱歌《がいか》が轟《とどろ》き渡《わた》るに違《ちが》いない。

日蓮大聖人が「最上第一《さいじょうだいいち》の相伝《そうでん》」(同七八一ページ)とされたのは、法華経普賢《ほけきょうふげん》品《ぼん》の「当起遠迎当如敬仏《とうきおんごうとうにょきょうぶつ》」の八文字、すなわち「当《まさ》に起《た》って遠《とお》く迎《むか》うべきこと、当に仏《ほとけ》を敬《うやま》うが如《ごと》くすべし」との経文《きょうもん》である。

世界中の誓願《せいがん》の同志《どうし》を、月々日々に迎《むか》えている広宣流布大誓堂《こうせんるふだいせいどう》の八本の柱は、この八文字の象徴《しょうちょう》である。

そして、わが地域にあって、「必ず仏《ほとけ》の如《ごと》くに法華経《ほけきょう》の行者《ぎょうじゃ》を敬《うやま》う可《べ》し」(同ページ)との実践《じっせん》に徹《てっ》し、一人ひとりを厳護《げんご》してくれている柱こそ、王城会《おうじょうかい》をはじめとする壮年部の友なのである。

人生の賢者《けんじゃ》・トルストイ翁《おう》は言った。

「われわれは他人のために生きたとき、はじめて真《しん》に自分のために生きるのである。一見不思議《いっけんふしぎ》に思われるけれど、実践《じっせん》してさえみれば、本当だということがわかるだろう」（『文読む月日』北御門二郎訳、筑摩書房）

まさしく、仏法《ぶっぽう》の菩薩《ぼさつ》の生き方に通じよう。

「心こそ大切」である。

柱に格好《かっこう》や気取《きど》りなどいらない。悩《なや》める友に寄《よ》り添《そ》い、同苦《どうく》し、励《はげ》まし、一緒《いっしょ》に立ち上がるのだ。

目に見えない所で厳《げん》と立ち続ける柱のように、誰《だれ》に気づかれなくともよい。創価家族を陰《いん》に陽《よう》に支《ささ》え抜《ぬ》いていくのだ。後継《こうけい》の若人《わこうど》を慈《いつく》しみ育《そだ》て抜いていくのだ。

愛すべき庶民《しょみん》の人間群《ぐん》の中で、ありのままの「人《ひと》の振舞《ふるまい》」を光らせ、時に「おじさん」、時に「おやじさん」、時に「おじいちゃん」等《とう》と、ざっくばらんに慕《した》われ、頼《たよ》られる。そして、「あの人がいたから、今の自分がある」「あの人の足跡《そくせき》に続くのだ！」――そう謳《うた》われゆく、賢者《けんじゃ》にして長者《ちょうじゃ》、勇者《ゆうしゃ》にして勝者《しょうしゃ》の一生を、朗《ほが》らかに歩みゆきたい。

さあ、今日も朗々《ろうろう》と題目の師子吼《ししく》で祈《いの》り切ろう！

わが誓《ちか》いを、王者《おうじゃ》の風格《ふうかく》で堂々《どうどう》と果《は》たし切ろう！

我《われ》らは、「生老病死《しょうろうびょうし》」の苦悩《くのう》さえも、「常楽我浄《じょうらくがじょう》」の福徳《ふくとく》と転《てん》じゆく最極《さいごく》の生命の宝塔《ほうとう》である。

天空《てんくう》を赤く染《そ》めゆく、荘厳《そうごん》な夕日の如《ごと》く、悔《く》いなく燃焼《ねんしょう》し切って、今世《こんぜ》の人間革命の劇《げき》を大勝利で飾《かざ》りゆこうではないか！　私と共に！

二〇一六年九月八日

壮年部結成
50周年記念
50th anniversary

目次

第1章　壮年部に贈る

第2章　壮年部への指針

第3章 信心を深めるために

凡例

一、本書は、小説『人間革命』『新・人間革命』などの池田SGI会長の著書、「聖教新聞」や「大白蓮華」、『池田大作全集』に掲載・収録されたスピーチ等の中から抜粋し、著者の了解を得て収録したものです。加筆・訂正したものもあります。

一、御書の引用は、『新編　日蓮大聖人御書全集』（創価学会版、第二六六刷）により（御書〇〇㌻）で示しました。

一、法華経の引用は、『妙法蓮華経並開結』（創価学会版、第二刷）を（法華経〇〇㌻）で示しました。

一、『池田大作全集』からの引用は、各項目の末尾に（会合・著書名等、全集〇巻）で示しました。

一、小説『人間革命』『新・人間革命』からの引用は、巻数と章名を示しました。

一、「聖教新聞」からの引用は、（会合・連載名、聖教新聞〇年〇月〇日付）で、「大白蓮華」巻頭言からの引用は、（巻頭言、大白蓮華〇年〇月号）で示しました。

一、その他の引用は、末尾に書名をあげ、「聖教新聞」掲載時の日付を示しました。

一、肩書、名称、時節等については、引用のままとしました。

一、文脈の理解のための説明は〈　〉内に、編集部による注は（＝　）と記しました。

第1章 壮年部に贈《おく》る

創価学会壮年部は、
本年（2016年）で結成50周年——。
新たな時代を力強《ちからづよ》く前進するために、
大いなる「原点」の指針《ししん》を心に刻《きざ》む。

小説『新・人間革命』第10巻「桂冠《けいかん》」(抜粋)

壮年部結成式

1966年(昭和41年)3月5日――創価学会壮年部の結成式が行われた。金色《こんじき》の夕日が差《さ》し込《こ》む学会本部の3階広間に壮年部員750人が集《つど》い、池田SGI会長とともに、「広宣流布の総仕上《そうしあ》げ」という壮大《そうだい》なロマンの旅を開始した。

壮年部の設置は、広宣流布《こうせんるふ》の新展開《しんてんかい》を考えるうえで、極《きわ》めて重要《じゅうよう》な意味《いみ》をもっていた。

これまで学会《がっかい》は、婦人《ふじん》と青年《せいねん》を表《おもて》に立てて、活動《かつどう》を推進《すいしん》し、壮年は、各部《かくぶ》の要《かなめ》ということから、あえて組織化《そしきか》されずにきた。しかし、学会が社会《しゃかい》の信頼《しんらい》をさらに獲得《かくとく》していくには、壮年が活動の前面《ぜんめん》に躍《おど》り出《で》て、力《ちから》を発揮《はっき》し、各部の友《とも》をリードしていくべきではないかとの声《こえ》が、一年ほど前から起《お》こり始《はじ》めた。

伸一は、熟慮《じゅくりょ》の末《すえ》に、いよいよ壮年が立ち上

がる時が来たと感《かん》じ、壮年部の結成《けっせい》に踏《ふ》み切《き》ったのである。

（中略）

三月五日、東京地方《とうきょうちほう》は好天《こうてん》に恵《めぐ》まれ、春《はる》らしい、うららかな一日《いちにち》となった。

山本《やまもと》伸一は、この日を、胸《むね》躍らせて待《ま》っていた。二月二十七日の本部幹部会《ほんぶかんぶかい》で新設《しんせつ》が発表《はっぴょう》された壮年部《そうねんぶ》の結成式《けっせいしき》が、夕刻《ゆうこく》から、学会《がっかい》本部で行《おこな》われることになっていたからである。

執務中《しつむちゅう》も、伸一は、壮年幹部の顔《かお》を見ると、嬉《うれ》しそうに、何度《なんど》も話《はな》しかけた。

「いよいよ壮年《そうねん》が立つんだね。これで、本格《ほんかく》的《てき》な広宣流布《こうせんるふ》の時代《じだい》が幕《まく》を開《あ》けるぞ……」

広宣流布という壮大《そうだい》なる建築《けんちく》の柱《はしら》は壮年であ

ると、伸一《しんいち》は確信《かくしん》していた。日蓮大聖人《にちれんだいしょうにん》の時代《じだい》、在家《ざいけ》の中心《ちゅうしん》となって活躍《かつやく》していたのは、いずれも壮年信徒《しんと》であるからだ。

たとえば、鎌倉《かまくら》の中心人物《じんぶつ》であった四条金吾《しじょうきんご》が、*竜《たつ》の口《くち》の法難《ほうなん》で、殉死《じゅんし》の覚悟《かくご》で大聖人のお供《とも》をしたのは、四十歳《さい》ごろである。そして、極楽寺良観《ごくらくじりょうかん》の信奉者《しんぽうしゃ》であった主君《しゅくん》の江間氏《えまし》を折《しゃく》伏《ぶく》し、所領《しょりょう》を没収《ぼっしゅう》されるなどの迫害《はくがい》が打《う》ち続《つづ》くなか、果敢《かかん》に戦《たたか》い抜《ぬ》いたのは、四十代半《だいなか》ばからである。

しかし、四条金吾というと青年《せいねん》信徒の印象《いんしょう》が強《つよ》い。それは、彼《かれ》が大聖人に帰依《きえ》したのが二十七歳ごろであったせいもあるが、何よりも広宣流布への一途《いちず》さ、真剣《しんけん》さ、大情熱《だいじょうねつ》が、青年を思《おも》わせるからであろう。

壮年の「壮」は、本来《ほんらい》、「盛《さか》ん」の意味《いみ》である。ゆえに、壮年は、沈着《ちんちゃく》、冷静《れいせい》なかにも、大情熱を秘《ひ》めた、勇気《ゆうき》の人、活力《かつりょく》の人、行動《こうどう》の人でなければならない。

四条金吾だけでなく、下総《しもうさ》（千葉《ちば》・茨城県《いばらきけん》の一部《いちぶ》）方面《ほうめん》の中心であった、富木常忍《ときじょうにん》、大田乗明《おおたじょうみょう》、曾谷教信《そやきょうしん》も壮年である。

富木常忍が、*松葉《まつば》ケ谷《がやつ》の法難後《ほうなんご》、自邸《じてい》に大聖人をかくまい、大闘争《だいとうそう》を開始《かいし》したのは四十代半《なか》ばであり、彼《かれ》は大聖人《だいしょうにん》より、数歳年上《すうさいとしうえ》であった。

彼の折伏《しゃくぶく》によって、正法《しょうほう》に帰依《きえ》した大田乗明《おおたじょうみょう》は、大聖人と同年代《どうねんだい》と思《おも》われる。その大田より、二歳ほど年下《としした》であったのが曾谷教信《そやきょうしん》である。

つまり、大聖人の竜《たつ》の口《くち》の法難《ほうなん》の時は、富木《とき》は五十六歳前後《ぜんご》、大田は五十歳前後、曾谷は四十八歳前後であったようだ。

この壮年《そうねん》たちが、今こそ立ち上がろうと、勇《ゆう》猛果敢《もうかかん》に戦《たたか》い、同志《どうし》を励《はげ》ましていったからこそ、大法難のなかでも確信《かくしん》の柱《はしら》を得《え》て、多くの人びとが、信仰《しんこう》を貫《つらぬ》き通《とお》せたにちがいない。

壮年がいれば、皆《みな》が安心《あんしん》する。壮年が立てば、皆が勇気《ゆうき》を燃《も》え上《あ》がらせる。

壮年の存在《そんざい》は重《おも》い。その力《ちから》はあまりにも大きい。

午後《ごご》五時、金色《こんじき》の夕日《ゆうひ》が差《さ》し込《こ》む学会本部《がっかいほんぶ》の三階広間《がいひろま》で、壮年部結成式《けっせいしき》が開会《かいかい》された。

山本伸一《やまもとしんいち》の導師《どうし》で、厳粛《げんしゅく》に勤行《ごんぎょう》が始《はじ》まった。

参加者《さんかしゃ》の顔《かお》にも、黄金《おうごん》の輝《かがや》きがあった。いよいよ自分《じぶん》たち壮年が、本領《ほんりょう》を発揮《はっき》する時代《じだい》が到来《とうらい》したと思うと、皆、胸《むね》が高鳴《たかな》るのである。

伸一は、壮年部という創価《そうか》の大柱《おおばしら》が、厳然《げんぜん》と立ちゆくことを懸命《けんめい》に祈《いの》った。

勤行が終《お》わると、壮年部長《ぶちょう》になった理事長《りじちょう》の泉田弘《いずみだひろし》があいさつに立った。

泉田《いずみだ》は、壮年部《そうねんぶ》は、「職場《しょくば》の勝利者《しょうりしゃ》」「地域貢《ちいきこう》献《けん》の第一人者《だいいちにんしゃ》」となり、社会《しゃかい》にあって、〝信頼《しんらい》の柱《はしら》〟となることを訴《うった》えていった。

伸一《しんいち》は、身《み》を乗《の》り出《だ》して拍手《はくしゅ》を送《おく》った。

社会の指導者《しどうしゃ》の多くは壮年である。ゆえに壮年部員《ぶいん》が社会のあらゆる分野《ぶんや》で力《ちから》を発揮《はっき》し、大《だい》リーダーに育《そだ》っていくことが、立正安国《りっしょうあんこく》を実現《じつげん》していくための要諦《ようてい》となるからだ。

「本門《ほんもん》の時代《じだい》」とは、信心即生活《しんじんそくせいかつ》の実証《じっしょう》を、一人ひとりが現実《げんじつ》に示《しめ》していく時であるといってよい。

続《つづ》いて、副壮年部長《ぶちょう》らの話《はなし》があり、山本会長《やまもとかいちょう》の指導となった。彼《かれ》は、満面《まんめん》に笑《え》みをたたえて

語《かた》り始《はじ》めた。

「壮年部の結成式《けっせいしき》、誠《まこと》におめでとうございました。私は、壮年部の結成を心《こころ》から嬉《うれ》しく思《おも》うとともに、広宣流布《こうせんるふ》の将来《しょうらい》に対《たい》して、安心感《あんしんかん》を深《ふか》めております」

それは、彼の率直《そっちょく》な思いであった。

次《つ》いで伸一は、永続的《えいぞくてき》な発展《はってん》のためには、分《ふん》別《べつ》のある〝保守《ほしゅ》〟の力《ちから》と、若々《わかわか》しい、勢《いきお》いのある〝革新《かくしん》〟の力がかみ合《あ》っていくことが肝要《かんよう》であると強調《きょうちょう》。学会《がっかい》の発展も、壮年と青年《せいねん》の模範《もはん》的《てき》な組《く》み合《あ》わせによるものであると述《の》べた。

そして、広宣流布《こうせんるふ》の新展開《しんてんかい》の時代《じだい》に入《はい》った今、広布推進《こうふすいしん》の強力《きょうりょく》なエンジンとしての青年《せいねん》の力《ちから》とともに、豊《ゆた》かな経験《けいけん》や判断力《はんだんりょく》など、総合的《そうごうてき》な円《えん》熟《じゅく》した壮年《そうねん》の力が求《もと》められていることを訴《うった》えたのである。

ここで彼《かれ》は、組織《そしき》における壮年部の役割《やくわり》に言《げん》及《きゅう》していった。

「学会《がっかい》は、各部《かくぶ》が協調《きょうちょう》し合《あ》いながら進《すす》んでいくのは当然《とうぜん》ですが、一家《いっか》においても父親《ちちおや》が柱《はしら》であるように、最高責任者《さいこうせきにんしゃ》は壮年です。

各支部《かくしぶ》にあっては支部長であり、各地区《かくちく》にあっては地区部長《ぶちょう》です。

したがって壮年部は、壮年の育成《いくせい》に責任をもつのは当然ですが、各部のなかの一つの部であると考《かんが》えるのではなく、各部の調和《ちょうわ》をとり、責任をもって、学会を、会員《かいいん》を守《まも》っていただきたいのであります」

元気《げんき》な返事《へんじ》とともに、大拍手《だいはくしゅ》が鳴《な》り響《ひび》いた。

拍手がやむのを待《ま》って、言葉《ことば》をついだ。

「壮年部が立派《りっぱ》であるならば、婦人部《ふじんぶ》も、男《だん》女《じょ》青年部も、立派に成長《せいちょう》します。壮年のよき励《はげ》ましは、各部から、大人材《だいじんざい》を輩出《はいしゅつ》させていく力《ちから》となります。

したがって、これから伸《の》びゆく男子部《だんしぶ》を擁護《ようご》し、活躍《かつやく》の場《ば》を与《あた》え、責任をもって育《そだ》てていただきたい。そして、婦人部《ふじんぶ》、並《なら》びに女子部《じょしぶ》に対《たい》しては、大きく包《つつ》み込《こ》み、かばってあげていただきたい。

また、壮年部《そうねんぶ》は、各部《かくぶ》の友《とも》にとって、信心《しんじん》の手本《てほん》であります。さまざまな人生経験《じんせいけいけん》を経《へ》てきた壮年部がどうするかを、みんなが見ています。

ゆえに、何があろうが、壮年部が強盛《ごうじょう》に信心を貫《つらぬ》いていけば、その尊《とうと》い姿《すがた》を見て、男子部《だんしぶ》も、女子部も、そして、婦人部も、喜《よろこ》んでついてくるものです。

それが反対《はんたい》に、壮年が不誠実《ふせいじつ》で要領《ようりょう》よく立《た》ち回《まわ》ったり、いい加減《かげん》であったり、あるいは、退《たい》転《てん》してしまったりすれば、後輩《こうはい》の人たちは、目《もく》標《ひょう》を見失《みうしな》い、時には、信心への疑問《ぎもん》をいだかせてしまうことになる。ゆえに、壮年部の皆《みな》さんの責任《せきにん》は重《おも》いといえます」

伸一《しんいち》は、このあと、一生涯《いっしょうがい》、信心を貫くことの大切《たいせつ》さを訴《うった》えようと思《おも》った。

青年時代《せいねんじだい》は、懸命《けんめい》に活動《かつどう》に励《はげ》み、広宣流布《こうせんるふ》に生《い》き抜《ぬ》くことを誓《ちか》い合《あ》っても、壮年になると、情熱《じょうねつ》をなくしてしまう人が少《すく》なくないからだ。

その理由《りゆう》は、さまざまであろう。

職場《しょくば》で重責《じゅうせき》を担《にな》うなど、仕事《しごと》が多忙《たぼう》になったことが、契機《けいき》になる場合《ばあい》もある。体《からだ》の不調《ふちょう》や体《たい》力《りょく》の衰《おとろ》えが原因《げんいん》の場合もある。あるいは、〝これまで一生懸命に頑張《がんば》ってきたんだから、少《すこ》し休《やす》んでもよいだろう〟と考《かんが》え、信心《しんじん》を後退《こうたい》させてしまう人もある。

もちろん、人生《じんせい》には、仕事《しごと》を最優先《さいゆうせん》させなければならない時もある。体調《たいちょう》を崩《くず》している場合《ばあい》には、休養《きゅうよう》も必要《ひつよう》であろう。しかし、生涯《しょうがい》が仏《ぶつ》道修行《どうしゅぎょう》である。いかなる状況《じょうきょう》に置《お》かれようが、信心に後退があってはならない。いささかでも、退《しりぞ》く心《こころ》があるならば、〝身《み》は落《お》ちねども心は落ちている〟姿《すがた》といえる。

大聖人《だいしょうにん》は「月月《つきづき》・日日《ひび》につより《強》給《たま》へ・すこしもた《撓》ゆむ心あらば魔《ま》たよりをうべし」（御書一一九〇ページ）と仰《おお》せである。

ほんの毛筋《けすじ》ほどでも、後退の一念《いちねん》、怠惰《たいだ》な心、臆《おく》する気持《きも》ちがあるならば、そこに魔がつけ入り、信心を狂《くる》わせ、幸福《こうふく》の土台《どだい》が破壊《はかい》されていくのである。

山本伸一《やまもとしんいち》は、全壮年部員《ぜんそうねんぶいん》に、一生成仏《いっしょうじょうぶつ》の道《みち》を、人間革命《にんげんかくめい》の道を、三世《さんぜ》にわたる栄光《えいこう》と勝利《しょうり》の道を、歩《あゆ》み通《とお》してほしかった。

退転《たいてん》は、自分自身《じぶんじしん》を裏切《うらぎ》ることである。

彼《かれ》は、かつて、学会員《がっかいいん》でありながら、戸田城聖《とだじょうせい》や学会を誹謗《ひぼう》、中傷《ちゅうしょう》した反逆《はんぎゃく》の徒《と》が、最後《さいご》は惨《みじ》めこの上ない姿になった事実《じじつ》をあげて、生涯、信心を貫《つらぬ》き通していくことの大切《たいせつ》さを語《かた》っていった。

その声《こえ》の響《ひび》きには、一人たりとも落《お》とすまいとの、強《つよ》い思《おも》いがあふれていた。

「仏法《ぶっぽう》の厳然《げんぜん》たる因果《いんが》の理法《りほう》からは、誰人《たれびと》も逃《に》げることはできない。

だから、たとえ、どんなに批判《ひはん》され、罵倒《ばとう》されようが、御本尊《ごほんぞん》、学会《がっかい》を疑《うたが》わず、大冥益《だいみょうやく》を確信《かくしん》し、生涯《しょうがい》、信心《しんじん》を全《まっと》うし抜《ぬ》いていくことです。

大聖人《だいしょうにん》は、法華経《ほけきょう》を引かれて、強盛《ごうじょう》に信心を貫《つらぬ》いていくならば、『現世安穏《げんせあんのん》、後生善処《ごしょうぜんしょ》』（現世安穏にして、後《のち》に善処に生《しょう》ず）と明言《めいげん》されています。御本仏《ごほんぶつ》の御言葉《おことば》に嘘《うそ》はありません」

ここで、彼《かれ》の声に、一段《いちだん》と力《ちから》がこもった。

「壮年部《そうねんぶ》の皆《みな》さんは、これからが、人生《じんせい》の総仕上《そうしあ》げの時代《じだい》です。

壮年には力《ちから》がある。それをすべて、広宣流布《こうせんるふ》のために生かしていくんです。

大聖人は『かりにも《仮》法華経のゆへに命《いのち》をすてよ、つゆ《露》を大海《たいかい》にあつらへ・ちり《塵》を大地《だいち》にうづ《埋》むとをもへ』（御書一五六一ページ）と仰《おお》せです。

死《し》は一定《いちじょう》です。それならば、その命を、生命《せいめい》の永遠《えいえん》の大法《だいほう》である、法華経のために捨《す》てなさい。つまり、広宣流布のために使《つか》っていきなさい――と、大聖人は言われている。

それこそが、露《つゆ》を大海に入れ、塵《ちり》を大地に埋《うず》めるように、自《みずか》らが、妙法《みょうほう》という大宇宙《だいうちゅう》の生命

に融合《ゆうごう》し、永遠の生命を生きることになるからです。

一生《いっしょう》は早《はや》い。しかも、元気《げんき》に動《うご》き回《まわ》れる時代《じだい》は、限《かぎ》られています。壮年《そうねん》になれば、人生《じんせい》は、あっという間《ま》に過《す》ぎていきます。

その壮年が、今、立たずして、いつ立ち上がるんですか！　今、戦《たたか》わずして、いつ戦うんですか！　いったい、何十年後に立ち上がるというんですか。そのころには、どうなっているか、わからないではありませんか。

今が黄金《おうごん》の時なんです。限りある命《いのち》の時間ではないですか。悔《く》いを残《のこ》すようなことをさせたくないから、私は言うんです！」

彼《かれ》の声《こえ》は、師子吼《ししく》のように、壮年の胸深《むねふか》く轟《とどろ》きわたった。

参加者《さんかしゃ》は皆《みな》、すべてを受《う》け止《と》めていこうとする真剣《しんけん》な顔《かお》で、伸一《しんいち》の指導《しどう》に耳《みみ》をそばだてていた。

「牧口先生《まきぐちせんせい》が信心《しんじん》を始《はじ》められたのは五十七歳《さい》です。戸田《とだ》先生が出獄《しゅつごく》され、広宣流布《こうせんるふ》にただ一人立たれたのは四十五歳です。いずれも、壮年時代に一大発心《いちだいほっしん》をされ、広宣流布の戦《いくさ》を起《お》こされた。それが、わが学会《がっかい》の伝統《でんとう》です。

私もまた、壮年部です。どうか、皆さんは、私とともに、学会精神《せいしん》を根本《こんぽん》として雄々《おお》しく立ち上がり、創価《そうか》の城《しろ》を支《ささ》えゆく、黄金柱《ばしら》になっていただきたいのであります」

どの顔《かお》も紅潮《こうちょう》していた。どの顔にも、広宣流布《こうせんるふ》の闘将《とうしょう》の輝《かがや》きがあった。

最後《さいご》に伸一《しんいち》は、「頼《たの》みとなるのは皆《みな》さんです。壮年部《そうねんぶ》が大きく成長《せいちょう》し、堅固《けんご》な広宣流布の構《かま》えができるならば、わが創価学会《そうかがっかい》は永久《えいきゅう》に盤石《ばんじゃく》です」と語《かた》って、話《はなし》を結《むす》んだ。

誇《ほこ》りと歓喜《かんき》にあふれた誓《ちか》いの大拍手《だいはくしゅ》が、雷鳴《らいめい》のように轟《とどろ》き、いつまでも、いつまでも鳴《な》りやまなかった。

このあと、総務《そうむ》の森川一正《もりかわかずまさ》が、伸一が壮年部の結成《けっせい》を記念《きねん》して書《か》き上《あ》げたばかりの、『大白《だいびゃく》蓮華《れんげ》』四月号《ごう》の巻頭言《かんとうげん》「妙法《みょうほう》の名将《めいしょう》」を朗読《ろうどく》した。

そのなかで伸一は、〝妙法の名将〟の資格《しかく》を論《ろん》じていた。

第一に御本尊《ごほんぞん》への絶対《ぜったい》の確信《かくしん》。第二に難事《なんじ》をも成《な》し遂《と》げゆく力《ちから》。第三に社会《しゃかい》のすべてに通暁《つうぎょう》した世雄《せおう》。第四に後輩《こうはい》を育成《いくせい》していく熱意《ねつい》。第五に人間性豊《にんげんせいゆた》かな包容力《ほうようりょく》ある指導者《しどうしゃ》。第六に旺《おう》盛《せい》な責任感《せきにんかん》と計画性《けいかくせい》――である。

この巻頭言《かんとうげん》によって、壮年部のめざすべき指《し》標《ひょう》も、すべて明《あき》らかになった。

伸一の会長就任《かいちょうしゅうにん》から六年。ここに新《あたら》しい時代《じだい》への本格的《ほんかくてき》な布陣《ふじん》は、すべて整《ととの》ったのだ。

伸一は、参加者《さんかしゃ》に一礼《いちれい》すると、出口《でぐち》に向かって歩《ある》き始《はじ》めたが、足《あし》を止《と》めた。そして、拳《こぶし》を掲《かか》げて言った。

「皆《みな》さん！　一緒《いっしょ》に戦《たたか》いましょう！　新《あたら》しい歴史《れきし》をつくりましょう！　同じ一生《いっしょう》ならば、花《はな》の法戦《ほうせん》に生きようではないですか！」

「ウォー」という歓声《かんせい》をあげながら、皆も拳《こぶし》を突《つ》き出《だ》した。

その目は感涙《かんるい》で潤《うる》んでいた。闘魂《とうこん》は火柱《ひばしら》となって燃《も》え上《あ》がったのだ。

誇《ほこ》り高《たか》き桂冠《けいかん》の王者《おうじゃ》が、妙法《みょうほう》の名将《めいしょう》が、今、出陣《しゅつじん》を開始《かいし》したのだ。

外《そと》は、既《すで》に夜《よる》の帳《とばり》に包《つつ》まれていたが、学会本部《がっかいほんぶ》の三階広間《がいひろま》は、明々《あかあか》とした歓喜《かんき》の光《ひかり》に包まれていた。

語句の解説《「桂冠」の章》

竜《たつ》の口《くち》の法難《ほうなん》　文永《ぶんえい》八年（一二七一年）九月十二日、日蓮大聖人が、敵対《てきたい》する極楽寺良観《ごくらくじりょうかん》や幕府権力の策謀《さくぼう》により、鎌倉の竜の口で斬首刑《ざんしゅけい》（死刑）に処せられようとした法難。

松葉ケ谷《まつばがやつ》の法難《ほうなん》　文応《ぶんおう》元年（一二六〇年）八月二十七日、松葉ケ谷にある草庵《そうあん》で、日蓮大聖人が、武装した念仏者たちに襲《おそ》われた法難。
挿画　内田健一郎

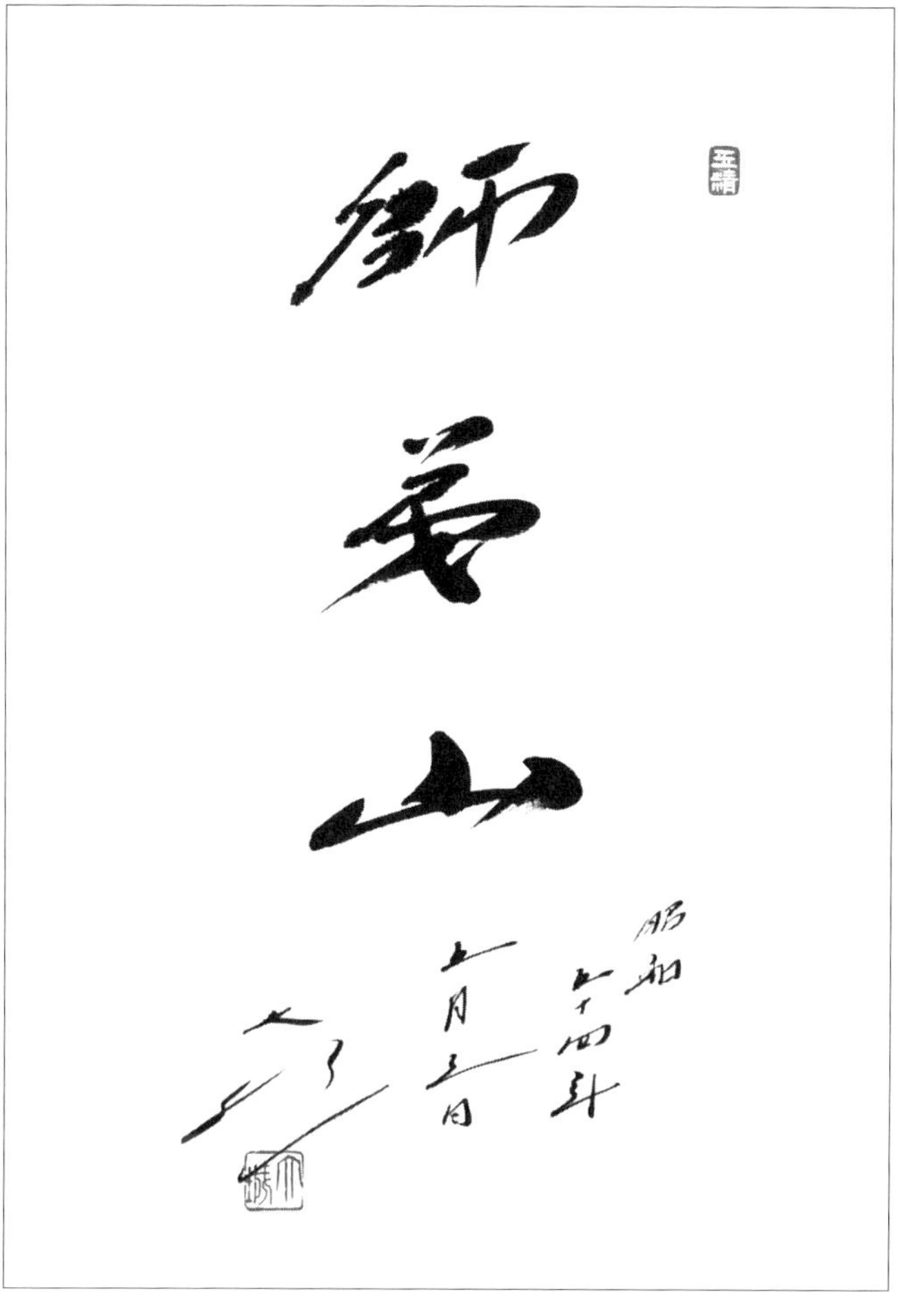

池田SGI会長が昭和54年5月3日に認めた「師弟山」の揮毫

随筆 永遠《えいえん》なれ 創価の大城《だいじょう》

誓《ちか》い忘《わす》れじ壮年部

広宣流布の闘魂《とうこん》に燃《も》えて前進！

（聖教新聞2016年6月18日付）

御本仏《ごほんぶつ》・日蓮大聖人は佐渡流罪《さどるざい》の大難《だいなん》の中で、「今に至《いた》るまで軍《いくさ》やむ事《こと》なし」（御書五〇二ページ）と仰《おお》せられた。

この如説修行《にょせつしゅぎょう》の闘魂《とうこん》を真《ま》っ直《す》ぐに受《う》け継《つ》ぎ、進んできたのが、牧口先生・戸田先生以来、我ら創価の壮年の誉《ほま》れである。

いかなる事業も、闘魂《とうこん》なくして成《な》し遂《と》げることはできない。たとえ地味《じみ》であっても、わが戦《せん》野《や》に臨《のぞ》んで、崇高《すうこう》な使命を果《は》たしゆく闘魂《とうこん》ほど、誇《ほこ》り高いものはあるまい。

我らの闘魂《とうこん》とは、広宣流布への闘魂だ。自身の人間革命と、苦悩《くのう》の民衆救済《みんしゅうきゅうさい》への誓願《せいがん》だ。

末法万年《まっぽうまんねん》にわたる未来のため、混乱極《こんらんきわ》まる五《ご》濁悪世《じょくあくせ》の真《ま》っ只中《ただなか》で、立正安国の大闘争《だいとうそう》に身を投《とう》じ、戦い切って一生を終える。これほど充実《じゅうじつ》した、悔《く》いなき英雄《えいゆう》の人生は絶対《ぜったい》にない。

五勇士が堂々と

わが盟友《めいゆう》たる壮年部が今、各地で意気軒昂《いきけんこう》に、「ブロック五勇士」に取り組んでくれている。

あの地でも、この地でも、新たな「黄金柱《おうごんばしら》」が堂々《どうどう》と立ち上がった。

聖教紙面に並《なら》んだ写真を拝見《はいけん》しては心が躍《おど》る。各地域の名前から、「あの時、駆《か》けつけたな。懐《なつ》かしい」「この地域も頑張《がんば》っているな」などと、思いを馳《は》せている。

本年、「五勇士」の拡大《かくだい》の火ぶたを切ってくれたのは、「鉄桶《てっとう》の団結《だんけつ》」の大埼玉である。

埼玉ゆかりの作家・武者小路実篤翁《むしゃのこうじさねあつおう》は言った。

「男子《だんし》立ち上《あ》がれば／何かする。／きつと何かする／しないではをさまらない／胸《むね》がすくまで、何かする／皆《みな》がよろこんでくれることを／何かする。」

健気《けなげ》な創価の家族が喜んでくれるならばと、いかなる労苦《ろうく》も厭《いと》わない。皆の胸がすくまで、激流《げきりゅう》が迸《ほとばし》り、流れ続けるように、戦って戦って戦い抜くのだ。

だから強い。どんな権威《けんい》にも、どんな邪知《じゃち》にも断《だん》じて負けないのだ。

壮年が決然《けつぜん》と一人立つならば、どれほど大きな力《ちから》が出るか。父が厳然《げんぜん》としていれば、どれほど安心と喜びが広がるか。

一騎当千《いっきとうせん》である。その「一人」を大切にする。

粘《ねば》り強《づよ》く通い、信頼《しんらい》を育み、励《はげ》まし続ける。熱い男の友情《ゆうじょう》と連帯を、私は最大に讃《たた》えたい。

また、陰《かげ》で懸命《けんめい》に祈《いの》り、応援《おうえん》してくださる婦人部の方々がいますと、常《つね》に妻《つま》から言われている。

武蔵《むさし》の剣《けん》の極意《ごくい》

御聖訓《ごせいくん》には、「法華経《ほけきょう》の剣《つるぎ》は信心のけなげ《勇》なる人こそ用《もち》いる事《こと》なれ鬼《おに》に・かなぼう《鉄棒》たるべし」（御書一一二四ページ）と記《しる》されている。

勇気ある信心を貫《つらぬ》く丈夫《ますらお》は、「絶対《ぜったい》勝利」の宝剣《ほうけん》を持っているのだ。

今、八王子市の東京富士美術館では、〝刀剣《とうけん》展《てん》〟（「ザ・刀剣——千年の匠《たくみ》の技《わざ》と美《び》」）が行われている。

ここには、かの宮本武蔵《みやもとむさし》が所持《しょじ》していたともいわれる刀《かたな》「無銘《むめい》　伝正宗《でんまさむね》」（名物武蔵正宗、刀剣博物館所蔵）が特別出品されている。

無双《むそう》の剣豪《けんごう》・宮本武蔵《みやもとむさし》は、晩年《ばんねん》を九州・熊本の地で過《す》ごし、独自《どくじ》の兵法観《へいほうかん》と思想を集大成《しゅうたいせい》した『五輪書《ごりんのしょ》』をまとめた。

そこに「生国播磨《しょうごくはりま》」——今の兵庫出身と記《しる》した彼は、生涯《しょうがい》で六十数回にわたって勝負をして一度も負けなかったという（出生地《しゅっせいち》には、美作《みまさか》〈現・岡山県内〉説もある）。

なぜ、強かったのか。

武蔵《むさし》は自身の剣術《けんじゅつ》について、「水を本《もと》として、心を水になすなり」と譬《たと》えた。水は形を自由に変える。この水の如《ごと》く、自分を自在《じざい》に変えることができたから強かったというのである。さらに実際《じっさい》の太刀《たち》の使い方や構《かま》えにも、固定的《こていてき》な型《かた》はないと述《の》べている。

千差万別《せんさばんべつ》の相手に、自在《じざい》に対処《たいしょ》していくのだ。決して過去《かこ》の成功にとらわれず、電光石火《でんこうせっか》で対《たい》応《おう》を変化させる。これこそ武蔵《むさし》の必勝の哲学《てつがく》だ。『五輪書《ごりんのしょ》』は、「一人の敵《てき》に自由に勝つときは、世界の人にみな勝つところなり」と論《ろん》じてもいる。

我らが真剣《しんけん》勝負の対話で、一人の心をつかむことは、万人《ばんにん》の心をつかむことにも通じよう。

大聖人は、「天晴《てんは》れぬれば地明《ちあきら》かなり法華《ほっけ》を識《し》る者は世法《せほう》を得可《うべ》きか」（御書二五四ページ）と明言《めいげん》なされた。「断《だん》じて勝つ」との強き一念で御本尊に祈《いの》り、勇敢《ゆうかん》に一歩を踏《ふ》み出《だ》せば、世雄《せおう》たる仏《ほとけ》の随縁真如《ずいえんしんにょ》の智《ち》は、いくらでも湧《わ》いてくるのだ。

「忍辱《にんにく》の鎧《よろい》」で

神奈川出身の吉川英治《よしかわえいじ》氏の名作『宮本武蔵《みやもとむさし》』は、奥深《おくぶか》い〝水の心〟に触《ふ》れた言葉で結《むす》ばれている。

「波にまかせて、泳《およ》ぎ上手《じょうず》に、雑魚《ざこ》は歌い雑魚は躍《おど》る。けれど、誰《だれ》か知ろう、百尺下《ひゃくしゃくした》の水の心を。水のふかさを。」

世《よ》に、自《みずか》らの我欲《がよく》や保身《ほしん》のため要領《ようりょう》よく泳《およ》ぐ小才子《こざいし》は多い。しかし、いかに雑音《ざつおん》を浴《あ》びせられようと、「忍辱《にんにく》の鎧《よろい》」を着《ちゃく》して耐《た》え抜《ぬ》き、無《ぶ》骨《こつ》なまで、広布の誓願《せいがん》のために奮闘《ふんとう》する。これが、まことの勇者の境涯《きょうがい》だ。

我らは滝《たき》の如《ごと》く

私も〝水の心〟を詩《し》に詠《よ》んだことがある。

滝《たき》の如《ごと》く　激《はげ》しく
滝の如く　撓《たゆ》まず
滝の如く　恐《おそ》れず
滝の如く　朗《ほが》らかに
滝の如く　堂々《どうどう》と
男は
王者の風格《ふうかく》を持て

四十五年前の六月、新緑《しんりょく》まばゆい青森の奥入《おいら》瀬渓流《せけいりゅう》を訪《おとず》れた折、清冽《せいれつ》にほとばしる滝《たき》を見た感慨《かんがい》を詠《うた》ったものだ。

翌年、青森出身の芸術部の方《かた》が詩《し》に曲をつけてくださった。

この「滝《たき》の詩《うた》」を、長年、地元・青森の同志《どうし》が大切に歌い継《つ》いでくれていたのである。

その後、「滝《たき》の詩《うた》」の曲を収《おさ》めたＣＤを、青森の壮年部有志《ゆうし》が届《とど》けてくださった。とても良い歌だ——私は、直後の会合で、関西男声合唱団の皆さんに歌っていただいた。

「男は　王者の風格《ふうかく》を持て」と呼《よ》びかける、その雄々《おお》しき歌声は、大きな感動を呼《よ》び、瞬《また》く間《ま》に全壮年部の愛唱《あいしょう》する歌となっていったのである。

◇

我ら壮年部は、本年で結成五十周年を迎《むか》えた。結成記念日の「三月五日」は、数字を反対に置くと「五月三日」となる。「創価学会の日」であり、「創価学会母の日」ではないか。

陰《かげ》で、一切《いっさい》の土台《どだい》となって学会を担《にな》い立つと、腹《はら》を決めた、我らの責任感《せきにんかん》の象徴《しょうちょう》ともいえる。

我らは厳《げん》として創価の王城《おうじょう》を死守《ししゅ》する。そして、太陽の婦人部や後継《こうけい》の青年部に、思う存分《ぞんぶん》、活躍《かつやく》してもらうのだ。

創価学会には、壮年部の深き一念から、安心と信頼《しんらい》と感謝《かんしゃ》がみなぎる。異体同心《いたいどうしん》となり、全《ぜん》軍《ぐん》に躍進《やくしん》の勢《いきお》いが生まれる。

婦人部と青年部の輝《かがや》く六十五周年。全学会員に完勝の宝冠《ほうかん》を捧《ささ》げる。それこそが齢《よわい》五十の壮年部の重大な天命《てんめい》なのだ。

仏《ぶっ》法《ぽう》は勝負なり

壮年部の勇戦《ゆうせん》の鑑《かがみ》ともいえる牧口常三郎先生が使われた御書には、「夫《そ》れ仏法《ぶっぽう》と申《もう》すは勝負をさきとし」（御書一一六五ジペー）の箇所《かしょ》に朱線《しゅせん》が引かれていた。ページの余白《よはく》には、「勝負」の二字も書き込《かこ》まれている。

六十年前、私が関西の友と拝《はい》した御文《ごもん》がある。「なにの兵法《へいほう》よりも法華経《ほけきょう》の兵法をもちひ給《たも》うべし、『諸余怨敵《しょよおんてき》・皆悉摧滅《かいしつさいめつ》』の金言《きんげん》むなしかるべからず」（御書一一九二ジペー）

門下《もんか》の柱として必死に戦う壮年・四条金吾《しじょうきんご》に送られた御指導である。

学会の勝負は、最後は壮年部が決《けっ》するのだ。堂々と正義と真実を語り抜《ぬ》き、学会の偉大《いだい》さを満天下《まんてんか》に示《しめ》すのは、師弟《してい》の真髄《しんずい》を結果で体現《たいげん》する壮年部なのである。

「今ここ」で勝つ

わが壮年部の友は、打ち続く障魔《しょうま》の嵐《あらし》の中、私と共に広布の道なき道を切り開いてきてくれた。

自《みずか》らの試練《しれん》も、宿命も、断固《だんこ》と勝ち越え、生き抜いてこられた百戦錬磨《ひゃくせんれんま》の同志《どうし》だ。不思議《ふしぎ》にも、今この時に居合《いあ》わせ、苦楽《くらく》を分かち、勇猛《ゆうもう》精進《しょうじん》する戦友《せんゆう》だ。「宿縁深《しゅくえんふか》し」と思えてならない。

「今まで生きて有《あ》りつるは此《こ》の事《こと》にあはん為《ため》なりけり」（御書一四五一㌻）――「今ここ」が勝負所《どころ》であり、広布の決戦場《けっせんじょう》であり、自身の宿命転換《しゅくめいてんかん》の正念場《しょうねんば》である。こう自《みずか》ら決めて祈《いの》り、行動する時、勝利の突破口《とっぱこう》は豁然《かつぜん》と開かれるのだ。

大聖人は厳命《げんめい》された。

「願《ねが》くは我《わ》が弟子《でし》等《ら》は師子王《ししおう》の子《こ》となりて群《ぐん》狐《こ》に笑《わら》わるる事《こと》なかれ」（御書一五八九㌻）

さあ、壮年の出番《でばん》だ。信頼《しんらい》する創価家族の父たちよ！　いかなる強敵《ごうてき》にも怯《ひる》まぬ無敵《むてき》のスクラムを組んで、師弟《してい》の大道《だいどう》を戦い進もう！

「王者の風格《ふうかく》」を持って世界広布《こうふ》新時代の開《かい》拓《たく》へ、元初《がんじょ》より誓《ちか》い願った今生《こんじょう》の勝ち戦に、いざ打って出ようではないか！

歴戦《れきせん》の
正義の王者
我《われ》なりと
岩をも砕《くだ》きて
凱歌《がいか》勝ちとれ

――明日《あす》は「父の日」。ご一家そして地域社会の柱たる、大切な皆様方《みなさまがた》の健康長寿《ちょうじゅ》と絶対《ぜったい》勝利を心から祈《いの》りつつ。

随筆　我らの勝利の大道

厳《げん》たれ！ 丈夫《ますらお》・壮年部（上）

師と共《とも》に　男らしい戦《たたか》いを！

（聖教新聞2010年3月18日付）

丈夫《ますらお》は
　波瀾万丈《はらんばんじょう》
　　歴史《れきし》かな

英国《えいこく》の桂冠詩人《けいかんしじん》テニスンは、力強《ちからづよ》く呼《よ》びかけた。

「さあ友よ、更《さら》に新しい世界を求《もと》めるのに遅《おそ》すぎはしない。

押《お》し出《い》でよ、整然《せいぜん》と持《も》ち場《ば》につき、波《なみ》の響《ひび》く大海原《おおうなばら》を打って進もう」(1)

現実社会の荒波《あらなみ》は高い。経済不況《けいざいふきょう》の烈風《れっぷう》も厳《きび》しい。

その中を、広宣流布《こうせんるふ》の誉《ほま》れの船長《せんちょう》たる、わが壮年部の友は、それぞれの使命《しめい》の船団《せんだん》を率《ひき》いて、断固《だんこ》と前進し奮闘《ふんとう》してくれている。

日蓮大聖人は、「生死《しょうじ》の大海《たいかい》を渡《わた》らんことは妙法蓮華経の船《ふね》にあらずんば・かなふべからず」（御書一四四八ページ）と断言《だんげん》なされた。

我《われ》らには、いかなる怒濤《どとう》も勝ち越《こ》え、大歓喜《だいかんき》の人生航路《こうろ》を開く妙法がある。

過日《かじつ》の全国壮年部幹部会（本部幹部会）で、私は遠来《えんらい》のアフリカの友に、最後の万歳三唱《ばんざいさんしょう》をお願《ねが》いした。

代表として登壇《とうだん》してくれたのは、コートジボワールの壮年支部長である。

皆《みな》から「キャプテン（船長）」と慕《した》われている彼《かれ》は、もともと商船《しょうせん》の船長であった。しかし、勤《つと》める船会社《ふながいしゃ》が閉鎖《へいさ》。再就職《さいしゅうしょく》の活動を始めるが、なかなか決まらない。いやまして懸命《けんめい》に題目《だいもく》を唱《とな》え抜《ぬ》いて八カ月。遂《つい》に石油《せきゆ》会社への就職が決まった。今、営業所《えいぎょうしょ》の所長《しょちょう》として、堂々《どうどう》と「変毒為薬《へんどくいやく》」の実証《じっしょう》を示《しめ》している。

コートジボワールの同志《どうし》は二万人を超《こ》え、大発展《だいはってん》している。

合言葉《あいことば》は――

「先生と共《とも》に戦《たたか》おう！」「本当の友情《ゆうじょう》を！」「常《つね》に悪《あく》と戦おう！」

雄々《おお》しき「アフリカ広布《こうふ》の英雄《えいゆう》」と、私は固《かた》い固い握手《あくしゅ》を交《か》わし、尊《とうと》き同志《どうし》への伝言《でんごん》を託《たく》した。

＊

恩師《おんし》・戸田城聖先生の事業《じぎょう》が窮地《きゅうち》の渦中《かちゅう》に、私は一心不乱《いっしんふらん》に支《ささ》え抜《ぬ》いた。

その苦境《くきょう》を乗《の》り切《き》り、先生に第二代会長に就《しゅう》任《にん》していただくと、師の願業《がんぎょう》である折伏《しゃくぶく》七十五万世帯《せたい》を実現《じつげん》するため、死身弘法《ししんぐほう》で戦った。「立正安国《りっしょうあんこく》」の闘争《とうそう》にも勝利また勝利を開いた。

病弱《びょうじゃく》な私は、戸田先生をお護《まも》りし、先生のご構想《こうそう》を実現するために「今日、死《し》んでも悔《く》いがない」という決心《けっしん》で、師子奮迅《ししふんじん》の力《ちから》で、一日一日《いちにち》を戦い切った。

そうした激戦《げきせん》が打《う》ち続《つづ》く昭和三十年（一九五五年）の三月のある日、先生は私に言われた。

「俺《おれ》も、お前も、男らしい戦《たたか》いをやり抜《ぬ》いて来たなあ」

何より有《あ》り難《がた》い勲章《くんしょう》を拝受《はいじゅ》した思いであった。

戸田先生が私に語《かた》ってくださったように、私は壮年部の盟友《めいゆう》に申《もう》し上げたい。

「共《とも》に、男らしい戦いをやり抜こうではないか！」

＊

それは、五十二年前（昭和三十三年）の三月十六日の早朝《そうちょう》であった。

不滅《ふめつ》の師弟《してい》の儀式《ぎしき》となる「広宣流布《こうせんるふ》の記念式典《しきてん》」に参加《さんか》するために、六千人の青年が、続々《ぞくぞく》と富士《ふじ》の麓《ふもと》に勇《いさ》み集《つど》って来た。

春三月とはいえ、明《あ》け方《がた》は寒《さむ》かった。皆《みな》が吐《は》く息《いき》も白い。その青年たちから、歓声《かんせい》が上がった。

思いがけず迎《むか》えてくれたのは、湯気《ゆげ》の立つ「豚汁《とんじる》」であった。朝早く到着《とうちゃく》する皆を気遣《きづか》われ、「青年に必要《ひつよう》なのは体温《たいおん》だよ」と、戸田先生が直々《じきじき》に手配《てはい》なされたのである。

準備《じゅんび》にあたる中心者は、蒲田《かまた》の重鎮《じゅうちん》の二人の壮年であった。青年のためにと頑張《がんば》る姿《すがた》が誇《ほこ》り高かった。煮《に》え立《た》つ四つの大釜《おおがま》の傍《かたわ》らで、汗《あせ》だくになりながら豚汁《とんじる》を桶《おけ》に分《わ》けていった。

青年たちは、それを銘々《めいめい》が持参《じさん》した椀《わん》に受け取り、フウフウ言いながら掻《か》き込《こ》んだ。豚汁の熱《ねつ》が、冷《ひ》えた体《からだ》に染《し》み渡《わた》った。そしてそれにもまして、師匠《ししょう》の真心《まごころ》が熱《あつ》く熱く胸《むね》に染みた。

〝恩師《おんし》の豚汁〟は、青年たちの金《きん》の思い出の一つとなったのである。

先生は、父親が子どもの苦労《くろう》を気遣《きづか》い、陰《かげ》でそっと支《ささ》えてやるように、細《こま》かく配慮《はいりょ》されていた。

寒《さむ》い時、小腹《こばら》に何か入《い》れるだけでも、体が温《あたた》まって風邪《かぜ》をひかないものだ。

私は今でも、先生の振《ふ》る舞《ま》いを想起《そうき》しつつ、北国《きたぐに》で戦《たたか》う創価班や牙城会《がじょうかい》、白蓮《びゃくれん》グループの友をはじめ、大切な同志《どうし》の健康《けんこう》と勝利を祈《いの》り、心を配《くば》る日々である。

また、尊《とうと》き王城会《おうじょうかい》、創価宝城会《ほうじょうかい》、無冠《むかん》の友の皆様《みなさま》にも、感謝《かんしゃ》を申《もう》し上《あ》げたい。

ともあれ壮年部は、勇《いさ》んで戦いの先頭《せんとう》に立つとともに、同志の心のわかる温かい人間指導者に熟練《じゅくれん》してほしい。それが、王者《おうじゃ》の風格《ふうかく》を築《きず》いていくのだ。

*

盤石《ばんじゃく》な
　柱《はしら》となりて
　　永遠《えいえん》の
金剛不壊《こんごうふえ》なる
　　　生命 勝ちとれ

壮年部が誕生《たんじょう》したのは、昭和四十一年（一九六六年）の三月五日である。晴天《せいてん》であった。学会本部に、七百五十人の精鋭《せいえい》が集《つど》って結成式《けっせいしき》を行《おこな》った。私もこの嬉《うれ》しい門出《かどで》を祝《しゅく》した。

「軍《いくさ》には大将軍《だいしょうぐん》を魂《たましい》とす大将軍をく《臆》しぬれば歩兵臆病《つわものおくびょう》なり」（御書一二一九ページ）とは、あまりにも有名《ゆうめい》な御金言《ごきんげん》である。

一家《いっか》においても、職場《しょくば》においても、地域においても、重鎮《じゅうちん》である壮年世代《せだい》に覇気《はき》が横溢《おういつ》していることが、発展《はってん》と勝利の要件《ようけん》だ。

壮年部が健在《けんざい》であってこそ、婦人部も、男女青年部も、安心して戦える。

大切な、大切な学会家族を護《まも》り抜《ぬ》く黄金柱《おうごんばしら》よ、威風堂々《いふうどうどう》たれ！――これが、自《みずか》ら壮年として指《し》揮《き》を執《と》られた牧口、戸田両《りょう》先生の願《ねが》いであったといってよい。この心を実現《じつげん》するため、私は壮年部をつくったのだ。

その結成式《けっせいしき》の翌日《よくじつ》、私は同志《どうし》の激励《げきれい》のため、北南米《ほくなんべい》へ旅立《たびだ》った。

ロス、ニューヨークを回って、三月十日、ブラジルへ向かう機中《きちゅう》であった。

窓《まど》を覗《のぞ》くと、地平線《ちへいせん》は明るみ、眼下《がんか》には雄大《ゆうだい》なアマゾンの大河《たいが》が見えた。

この大河の如《ごと》く、世界広宣流布《こうせんるふ》の悠久《ゆうきゅう》の流《なが》れを開いてみせる――そのための重大《じゅうだい》な〝画竜点《がりょうてん》睛《せい》〟こそ、壮年部の結成であったのだ。

後年《こうねん》、アマゾンの「守《まも》り人《びと》」と敬愛《けいあい》される詩《し》人《じん》メロ氏は、私との会見《かいけん》の折《おり》、即興詩《そっきょうし》を詠《よ》まれた。

「私は、愛情《あいじょう》をもって、謳《うた》いながら仕事をする。あすの建設《けんせつ》へ向かって」

「ただ生きるだけでなく、変革《へんかく》に貢献《こうけん》することが、何よりも大切。

それぞれが自分の立場《たちば》で、自分の地域で――」

わが壮年部の心意気《こころいき》にも通《つう》ずる至言《しげん》であろう。

*

かつて私は、平日《へいじつ》の昼間《ひるま》から使命感《しめいかん》に燃《も》えて地域広布《こうふ》に奮闘《ふんとう》される「太陽会」「敢闘会《かんとうかい》」の友に、御聖訓《ごせいくん》をお贈《おく》りした。

「百千万年くらき《闇》所にも燈《ともしび》を入《い》れぬればあか《明》くなる」(御書一四〇三ページ)と。

壮年には、数多《あまた》の修羅場《しゅらば》をくぐり抜《ぬ》けてきた経験《けいけん》がある。度胸《どきょう》がある。実践知《じっせんち》がある。友を照《て》らし、後輩《こうはい》を良《よ》い方向《ほうこう》へ導《みちび》いていく灯台《とうだい》のような発光《はっこう》がある。

人間同士《どうし》の交流《こうりゅう》が希薄《きはく》な現代だ。だからこそ今は、いぶし銀《ぎん》のように〝黙《もく》して語《かた》らず〟よりも、気《き》さくな「おじさん」の励《はげ》ましの一言《ひとこと》の方《ほう》が、金《きん》の光《ひかり》を放《はな》つ。

壮年は皆《みな》、それぞれ風雪《ふうせつ》に鍛《きた》えられた顔《かんばせ》を持っている。だが、そこに醸《かも》し出《だ》される威厳《いげん》と〝威張《いば》る〟ことは違《ちが》う。気難《きむずか》しくなったり気取《きど》ったりせず、周囲《しゅうい》に心を配《くば》り、声をかけ、何か手を差《さ》し伸《の》べていくことだ。

その誠実《せいじつ》な振《ふ》る舞《ま》いが、一家和楽《いっかわらく》、さらに地域広布《こうふ》への確《たし》かな一歩《いっぽ》となる。「壮年革命《かくめい》」の鍵《かぎ》は、身近《みぢか》にある。

大文豪《だいぶんごう》トルストイは、含蓄深《がんちくぶか》い言葉《ことば》を残《のこ》している。

「人生の意義《いぎ》は、ただ団結《だんけつ》のうちにのみある。

そう信ずるならば、人は自《みずか》らが携《たずさ》わっている仕事に全身《ぜんしん》を捧《ささ》げずにはいられない。そして、触《ふ》れ合《あ》うすべての人々に対して、配慮《はいりょ》、思いやり、愛情《あいじょう》を持たずに接《せっ》することは、もはやでき

ないのだ」(2)

無名《むめい》でよい。いな無名であって、「あの人のおかげで」と、幾多《いくた》の庶民《しょみん》から感謝《かんしゃ》される人生ほど、尊《とうと》く、気高《けだか》い劇《げき》はない。

時代は、空前《くうぜん》の高齢《こうれい》社会に入っている。「生《しょう》老病死《ろうびょうし》」という人生の局面《きょくめん》は、誰人《たれびと》にも、さらに切実《せつじつ》に迫《せま》ってくる。その根本的《こんぽんてき》な苦悩《くのう》を、「常楽我浄《じょうらくがじょう》」へ打開《だかい》しゆく大哲理《だいてつり》が日蓮仏法である。

壮年門下《もんか》・四条金吾《しじょうきんご》への御指南《ごしなん》に、「真実一《しんじついっ》切衆生《さいしゅじょう》・色心《しきしん》の留難《るなん》を止《とど》むる秘術《ひじゅつ》は唯《ただ》南無妙法蓮華経なり」（御書一一七〇ページ）と明確《めいかく》に仰《おお》せの通りである。

この偉大《いだい》な妙法の探究者《たんきゅうしゃ》であり、実践者《じっせんしゃ》である壮年部こそが、地域社会の依怙依託《えこえたく》と仰《あお》がれる「時」が到来《とうらい》している。

立つ時は今だ。打って出る時は今だ。勇気《ゆうき》
凛々《りんりん》と、自信満々《じしんまんまん》と！

明確《めいかく》な
目的 持ちたる
嬉《うれ》しさよ
これぞ希望《きぼう》の
王者《おうじゃ》なるかな

《出典》

（1）西前美巳編『対訳　テニスン詩集——イギリス詩人選5』岩波文庫
（2）ЛЕВ. Толстой, Полное собрание сочинений, Том 63, Терра.

随筆　我らの勝利の大道

厳《げん》たれ！　丈夫《ますらお》・壮年部（下）

祈《いの》ろう！　動《うご》こう！　妙法《みょうほう》の名将《めいしょう》よ

（聖教新聞2010年3月19日付）

いざや起《た》て
　信心の将《しょう》
　　富士仰《ふじあお》ぎ

私は、広布《こうふ》の大将軍《だいしょうぐん》たる戸田先生の一番側《そば》にお仕《つか》えしながら、将の将たる壮年の実践項目《じっせんこうもく》を学《まな》んだ。

壮年部結成《けっせい》に寄《よ》せた「大白蓮華《だいびゃくれんげ》」の巻頭言《かんとうげん》も、「妙法の名将」と題《だい》した。

創立《そうりつ》八十周年の勝利へ、大事な名将《めいしょう》の要件《ようけん》は何か。それは、いかなる難事《なんじ》をも断固《だんこ》と成《な》し遂《と》げゆく、わが壮年の不屈《ふくつ》の実行力《じっこうりょく》と闘争力《とうそうりょく》であろう。

では、その原動力《げんどうりょく》は何か。

それは「法華経の兵法《へいほう》」である。そして、「題目《だいもく》の師子吼《ししく》」である。

なかんずく、大事なポイントは、「具体的《ぐたいてき》に祈《いの》る」ということだ。

御聖訓《ごせいくん》には、「大地はささばはづ《外》るるとも(中略)法華経の行者《ぎょうじゃ》の祈りのかな《叶》はぬ事《こと》はあるべからず」(御書一三五一ページ)とまで断言《だんげん》なされている。

それゆえに、漠然《ばくぜん》とした曖昧《あいまい》な祈りではなく、「的《まと》」を明確《めいかく》に定《さだ》めることだ。つまり「必《かなら》ず」と腹《はら》を決めた誓願《せいがん》である。

そこに牧口先生が、常《つね》に言われていた「百発《ひゃっぱつ》百中《ひゃくちゅう》」の実証《じっしょう》も現《あらわ》れるのだ。

わが同志《どうし》が、一人ももれなく、幸福で健康《けんこう》で、無事安穏《ぶじあんのん》で裕福《ゆうふく》であるように!

わが地域の広宣流布《こうせんるふ》が、前進し、拡大《かくだい》するように!

学会の勝利の道が、無限《むげん》に開けるように!

毎朝毎晩《まいばん》、朗々《ろうろう》たる音声《おんじょう》で、明快《めいかい》に強盛《ごうじょう》に祈り抜《ぬ》き、祈り切っていくのである。

そして、あの友の幸福を、わが後輩《こうはい》の成長《せいちょう》を——すべて一つ一つ深《ふか》く祈念《きねん》しながら、足取《あしど》り軽《かる》く最前線《さいぜんせん》へと飛《と》び込《こ》む。

この「祈り即実行《そくじっこう》」の繰《く》り返《かえ》しを、それこそ「せめ返し・せめをとし」(御書五〇二ページ)と仰《おお》せの如《ごと》く、弛《たゆ》まず貫《つらぬ》いていくことだ。

壮年部は、職場《しょくば》でも、学会の組織においても、師子王《ししおう》の心で、信頼厚《しんらいあつ》き「幸福責任者《せきにんしゃ》」「勝利責任者」となるのだ。

一個《いっこ》の男として、何があろうが、自分は逃《に》げない、責任を果《は》たしてみせると、勇気《ゆうき》を奮《ふる》い起《お》こす時、汝《なんじ》の本当の力《ちから》が現《あらわ》れる。

私が大事にしてきた詩人《しじん》シラーの言葉《ことば》「一人立《た》てる時に強きものは、真正《しんせい》の勇者《ゆうしゃ》なり」――これはまた、壮年部の気概《きがい》でもある。

そして、その自分の周《まわ》りに、心通《かよ》う連帯《れんたい》の「輪《わ》」を、一人また一人と、着実《ちゃくじつ》に広げゆくことだ。

この人生
　悔《く》いなく強く
　　朗《ほが》らかに
正義《せいぎ》の大道
　厳《げん》と歩《あゆ》めや

*

未曾有《みぞう》の経済危機《けいざいきき》にあって、わが壮年部は、地道《じみち》な訪問激励《ほうもんげきれい》を重《かさ》ね、互《たが》いに励《はげ》まし合いながら、雄々《おお》しく、全国各地《かくち》で宿命転換《しゅくめいてんかん》のドラマを綴《つづ》っている。

本年（二〇一〇年）、「小樽問答《おたるもんどう》」から五十五年の佳節《かせつ》を刻《きざ》んだ創価の三代城《さんだいじょう》・北海道では、厳寒《げんかん》に挑《いど》むが如《ごと》く、この一月に、七百三十もの会場で、壮年部、男子部による「男の体験談《たいけんだん》大会」が堂々《どうどう》と行《おこな》われた。

――七十五歳にして嘱託《しょくたく》社員の歩みを開始《かいし》した「前進勝利長」（ブロック長）の壮年がいた。リストラの憂《う》き目《め》を敢然《かんぜん》と乗《の》り越《こ》え、再就職先《さいしゅうしょくさき》のグループ会社《がいしゃ》の社長《しゃちょう》となった友もいた。

難病《なんびょう》と闘《たたか》いながら、弘教拡大《ぐきょうかくだい》に励《はげ》んだある地区部長は、「病気《びょうき》のおかげで、この信心の素晴《すば》らしさに気づきました！」と胸《むね》を張《は》った。

さらに、広布《こうふ》の人材城《じんざいじょう》・東北の宮城でも、〝男の体験主張大会《たいけんしゅちょうたいかい》〟が意気軒昂《いきけんこう》に繰《く》り広《ひろ》げられた。

あの地この地で、創意工夫《そういくふう》し、〝男の〟と銘《めい》打《う》ったセミナー等も楽《たの》しく賑《にぎ》やかに行《おこな》われているようだ。また各地《かくち》で壮年が、「聖教新聞」の拡大にも先陣《せんじん》を切ってくれたと、感謝《かんしゃ》の声《こえ》が聞こえている。壮年の人脈《じんみゃく》は、奥行《おくゆ》きが深《ふか》い。戦う壮年部の姿《すがた》を見て、どんなに共感《きょうかん》と安心《あんしん》と勇気《ゆうき》のスクラムが広がっていることか。

いよいよ、男たちが立ち上がった！

獅子《しし》は雄々《おお》しく立ったのだ！

＊

「御義口伝《おんぎくでん》」には、「忍辱《にんにく》は寂光土《じゃっこうど》なり此《こ》の忍辱の心を釈迦牟尼《しゃかむに》仏《ぶつ》と云《い》えり」（御書七七一ジペー）との甚深《じんじん》の教《おし》えがある。仏《ほとけ》の真髄《しんずい》の強さは、ありとあらゆる苦難《くなん》を堪《た》え忍《しの》ぶ「忍辱《にんにく》の心」にあるとの仰《おお》せである。

苦労《くろう》知らずの意気地《いくじ》なしに、仏の力《ちから》が出せるわけがない。仏を「世雄《せおう》（社会の英雄《えいゆう》）」ともいう。社会の苦《くる》しみを知らずして、何《なん》で世雄となれようか。

忍辱の心とは、いかなる娑婆《しゃば》世界の嵐《あらし》に晒《さら》されようと、心が負《ま》けないことだ。心が恐《おそ》れぬことだ。心が揺《ゆ》るがぬことだ。この忍辱の心にこそ、仏の力、仏の智慧《ちえ》、仏の生命が脈動《みゃくどう》する。

「九界即仏界《きゅうかいそくぶっかい》」である。ゆえに「九界」という現実の苦《く》に挑《いど》んでこそ、「仏界」は滾々《こんこん》と湧《わ》き出《い》ずる。ともあれ、仏法は勝負《しょうぶ》だ。断《だん》じて勝たねばならない。その偉大《いだい》な父の背《せ》に、青年が陸続《りくぞく》と続《つづ》くのだ。

大詩人《だいしじん》リルケは歌《うた》った。

「私は父だ。しかし息子《むすこ》は父以上の者だ。父親があったところの一切《いっさい》であり、父の成《な》り得《え》なかったものが彼の内《うち》で偉大《いだい》になる」(1)

「黄金柱《おうごんばしら》ここにあり」との実証《じっしょう》を、子どもや後輩《こうはい》たちに示《しめ》し切れ！　その雄姿《ゆうし》を皆《みな》が誇《ほこ》らしげに見つめ、頼《たの》もしく待《ま》っている。

壮年には偉大《いだい》な力《ちから》がある。乱世《らんせ》を勝《か》ち抜《ぬ》く豊《ゆた》かな智慧《ちえ》がある。社会に築《きず》いてきた信用《しんよう》がある。

その大長者《だいちょうじゃ》の宝蔵《ほうぞう》をば、「勇気《ゆうき》」ある信心で、断固《だんこ》と開きって いくのだ。

＊

誰《だれ》もが「絶対《ぜったい》に不可能《ふかのう》だ」と諦《あきら》め、悲壮感《ひそうかん》が社会を暗《くら》く覆《おお》う時——その時こそ、壮年が奮《ふる》い立《た》つのだ。

十八世紀後半《せいきこうはん》、イギリスの植民地《しょくみんち》だった当時のアメリカ。不満《ふまん》は高まっていたものの、宗主《そうしゅ》国《こく》には従《したが》うしかない——そんな「常識《じょうしき》」がはびこっていた。

その閉塞感《へいそくかん》を打《う》ち破《やぶ》り、「独立《どくりつ》」と「自由《じゆう》」こそが、新しい、そして正《ただ》しい「常識」だと喝《かっ》破《ぱ》したのがトマス・ペインであった。

一七七六年、一冊《さつ》のパンフレット『コモン・センス』で、闘争《とうそう》の烽火《のろし》をあげる。

「これまでの王冠《おうかん》をかぶった悪党全部《あくとうぜんぶ》よりも、一人の正直《しょうじき》な人間のほうが社会にとってずっと尊《とうと》いのだ」(2)

「おお！　人類《じんるい》を愛《あい》する諸君《しょくん》！　暴政《ぼうせい》ばかりか暴君《ぼうくん》に対しても決然《けつぜん》と反抗《はんこう》する諸君、決起《けっき》せよ！」(2)

その叫《さけ》びは、市民《しみん》の魂《たましい》に火をつけ、勝利への息吹《いぶき》を呼《よ》び覚《さ》ました。独立《どくりつ》への道を大きく開いていった。

当時、彼《かれ》は不惑《ふわく》（四十歳）を迎《むか》えようとしていた。今、同年代《どうねんだい》の〝ヤング壮年〟も大勢《おおぜい》おられよう。

ペインは、生涯《しょうがい》を正義《せいぎ》と自由《じゆう》の闘争《とうそう》に捧《ささ》げ、不当《ふとう》に投獄《とうごく》もされた。その強さは何《なん》であったか。それは、無名《むめい》の庶民《しょみん》であったことだ。

職人《しょくにん》の家に生まれ、妻《つま》に先立《さきだ》たれ、事業《じぎょう》も失《しっ》敗《ぱい》。社会の底辺《ていへん》を生きた。それだけに、大衆《たいしゅう》の思いや感情《かんじょう》を敏感《びんかん》に呼吸《こきゅう》していた。

そして自《みずか》ら義勇兵《ぎゆうへい》に志願《しがん》し、一兵卒《いっぺいそつ》として、独立の戦《たたか》いに加《くわ》わった。真《しん》の丈夫《ますらお》は、周《まわ》りを鼓《こ》舞《ぶ》するだけではなく、勇《いさ》んで窮地《きゅうち》の中に飛《と》び込《こ》み、誰《だれ》よりも苦労《くろう》するのだ。彼《かれ》は綴《つづ》った。

「われわれの偉大《いだい》な力《ちから》は数《かず》にあるのではなく、団結《だんけつ》にある」(2)

一人が立ち、年配《ねんぱい》の友も、若き青年も続《つづ》いた。「常識《じょうしき》」の壁《かべ》を打《う》ち破《やぶ》り、「不可能《ふかのう》」を「可能」へと変えていった。

完勝《かんしょう》への結束《けっそく》は、常《つね》に壮年の勇気《ゆうき》と行動力《こうどうりょく》によって完成《かんせい》へと導《みちび》かれるのだ。

＊

明治維新《めいじいしん》の大功労者《だいこうろうしゃ》で、勝海舟《かつかいしゅう》らと共《とも》に〝幕《ばく》末《まつ》の三舟《さんしゅう》〟と讃《たた》えられた山岡鉄舟《やまおかてっしゅう》は、埼玉にも縁《えにし》が深《ふか》い。

西郷隆盛《さいごうたかもり》に直談判《じかだんぱん》し、江戸《えど》の無血開城《むけつかいじょう》の道を開いた英傑《えいけつ》である。

十代で両親《りょうしん》と死別《しべつ》、社会の激動《げきどう》、心の葛藤《かっとう》――人生の春夏秋冬《しゅんかしゅうとう》を越《こ》えた鉄舟は、壮年期、白雪《はくせつ》を頂《いただ》いた富士《ふじ》の峰《みね》を仰《あお》ぎ、詠《よ》んだ。

「晴《は》れてよし曇《くも》りてもよし不二《ふじ》（富士）の山、元の姿《すがた》は変わらざりけり」(3)

世間《せけん》の毀誉褒貶《きよほうへん》が何《なん》だ。あの揺《ゆ》るがぬ富士の如《ごと》く、わが使命《しめい》の道を、堂々《どうどう》と進むのだ――。

そう決めた鉄舟《てっしゅう》の心は、何事《なにごと》にも微動《びどう》だにしない。後進《こうしん》の指導者の育成《いくせい》を、自己《じこ》の研鑽《けんさん》と修《しゅ》行《ぎょう》を、死《し》ぬ間際《まぎわ》まで怠《おこた》らなかった。

西郷隆盛《さいごうたかもり》は、鉄舟を念頭《ねんとう》に語《かた》ったという。

「命《いのち》もいらず、名《な》もいらず、官位《かんい》も金《かね》もいらぬ人」(4)と。

名聞名利《みょうもんみょうり》をかなぐり捨《す》てる人。自《みずか》ら決めた使《し》命《めい》に、真《ま》っ直《す》ぐに生き抜《ぬ》く人生。「心の財《たから》第一なり」（御書一一七三ページ）との信念《しんねん》の生き方は、永遠《えいえん》に色褪《いろあ》せぬ、黄金《おうごん》の輝《かがや》きを放《はな》つのだ。

青年の情熱《じょうねつ》は尊《とうと》い。しかしまた、四十歳、五十歳、六十歳、七十歳、さらに八十歳と年輪《ねんりん》を刻《きざ》みながら、なお消《き》えることなき情熱こそ、本物《ほんもの》である。

絶対《ぜったい》に、勝利の先駆《せんく》を切ってみせる！　私自《じ》身《しん》が創価学会なのだ！――そう決意《けつい》し、行動する一人がいる限《かぎ》り、学会は盤石《ばんじゃく》だ。

今も忘《わす》れぬ光景《こうけい》がある。第三代会長に就任《しゅうにん》して間《ま》もない頃《ころ》の嵐《あらし》の日であった。吹《ふ》き飛《と》びそうな大田区小林町《おおたくこばやしちょう》（当時）の私の家に、一人の丈夫《ますらお》が駆《か》けつけてくれた。

「先生、大丈夫《だいじょうぶ》ですか！　私がお守《まも》りします！」と。

なんと埼玉からの長い道のりを、自転車《じてんしゃ》を走らせて来てくださった。今も、戦《たたか》う壮年部の精《せい》兵《へい》として、あの時と同じように、目を輝《かがや》かせ、広布《こうふ》の最前線《さいぜんせん》を駆《か》け回《まわ》っておられる。

＊

健康《けんこう》で
長寿《ちょうじゅ》の光道《こうどう》
共々《ともども》に
生きなむ開かむ
智慧《ちえ》の長者《ちょうじゃ》は

かつて、わが大阪の壮年部に贈《おく》った一首《しゅ》である。

師匠《ししょう》が開いた道がある。共《とも》に歩《あゆ》む仲間《なかま》がいる。最高の充実《じゅうじつ》がこの道にある。

フランスの作家《さっか》サン＝テグジュペリは言った。

「みんながわたしを信頼《しんらい》している。歩かなければ、わたしは卑怯者《ひきょうもの》だ」(5)

師と共に、また真友《しんゆう》と共に進む人生には、「報恩《ほうおん》」という、決《けっ》して曲《ま》がらぬ心の芯《しん》が通っている。

広宣流布《こうせんるふ》とは、全人類《ぜんじんるい》を幸福にし、平和を築《きず》きゆく大偉業《だいいぎょう》だ。人生を懸《か》けて悔《く》いなき、最高にして名誉《めいよ》ある大目的ではないか。

進もう！　師弟不二《していふに》の王道《おうどう》を！

登《のぼ》ろう！　未踏《みとう》の広布《こうふ》の王者《おうじゃ》の山を！

日興上人《にっこうしょうにん》は大聖人《だいしょうにん》の不二の弟子《でし》として、ただ一人、師の教《おし》えを寸分違《すんぶんたが》わず語《かた》り、叫《さけ》び、弘《ひろ》め抜《ぬ》かれた。

「日興遺誡置文《ゆいかいおきぶみ》」を遺《のこ》されたのは、八十八歳の時であられた。

求道《きゅうどう》の阿仏房《あぶつぼう》は、高齢《こうれい》を押《お》して、はるばる佐渡《さど》から身延《みのぶ》の大聖人を訪《おとず》れた。

老《お》いるほどに若々《わかわか》しく、「仏法は勝負《しょうぶ》」の気概《きがい》で戦《たたか》い抜いた。

わが多宝会《たほうかい》、宝寿会《ほうじゅかい》、錦宝会《きんぽうかい》の皆様方《みなさまがた》の姿《すがた》と、美事《みごと》なまでに重《かさ》なる。

中国の大詩人《だいしじん》・杜甫《とほ》は、詠《えい》じた。

「男児《だんじ》　功名遂《こうめいと》ぐるは（男の仕事の完遂《かんすい》は）亦《ま》た老大《ろうだい》の時に在《あ》り（やはり年とってからだ）」(6)

人生の真価《しんか》は、最晩年《さいばんねん》をどう仕上《しあ》げたか、何を成《な》し遂げたかで決まるのだ。

大聖人《だいしょうにん》は五十七歳の御述作《ごじゅつさく》に、「此《こ》の大法《だいほう》のみ一閻浮提《いちえんぶだい》に流布《るふ》すべし」（御書一四八九ジペー）と宣言《せんげん》なされた。

牧口先生が入信《にゅうしん》されたのも五十七歳の時であった。その無上《むじょう》の喜《よろこ》びを、「言語《げんご》に絶《ぜっ》する歓喜《かんき》を以《もっ》て殆《ほと》ど六十年の生活法《せいかつほう》を一新《いっしん》するに至《いた》った」と記《しる》された。

戸田先生が牧口先生に出会ったのは十九歳。そして獄中《ごくちゅう》で師《し》の逝去《せいきょ》を知らされたのは、四十五歳になる時であった。

この時、地涌《じゆ》の菩薩《ぼさつ》の使命《しめい》を胸《むね》に秘《ひ》め、「妙法《みょうほう》の巌窟王《がんくつおう》」となって、必《かなら》ず師の正義《せいぎ》の仇討《あだう》ちをすると誓《ちか》われた。ここから、本当の戦《たたか》いが始まったのである。

私も、十九歳で師《し》と出会って激闘《げきとう》を勝ち抜《ぬ》き、八十二歳の今（二〇一〇年）が一番、元気《げんき》だ。婦人部の皆様方《みなさまがた》の真剣《しんけん》な祈《いの》りのおかげである。

いかなる青年にも負《ま》けぬ、雄渾《ゆうこん》の生命が湧《わ》いてくる。

それは、戸田先生という偉大《いだい》な師匠《ししょう》を持っているからだ。

不二《ふに》の弟子《でし》という、永遠《えいえん》に若々《わかわか》しき本因《ほんいん》の生命で戦《たたか》えるからだ。

そして、妙法《みょうほう》という不老不死《ふろうふし》の大法《だいほう》を弘《ひろ》めゆく大闘争《だいとうそう》に、後継《こうけい》の弟子の陣頭《じんとう》で生き抜いているからだ。

「生死一大事血脈抄《しょうじいちだいじけつみゃくしょう》」の有名《ゆうめい》な一節《いっせつ》に、「金《こがね》は大火《たいか》にも焼《や》けず大水《たいすい》にも漂《ただよ》わず朽《く》ちず」「貴辺《きへん》豈真金《あにしんきん》に非《あら》ずや」（御書一三三七ページ）と仰《おお》せである。

私と最《もっと》も長く、今世《こんぜ》の人生を共《とも》にしてきた、わが戦友《せんゆう》の壮年部よ！

宿縁深《しゅくえんふか》く、共戦譜《きょうせんふ》を綴《つづ》りゆく真金の君《きみ》たちよ！

金が朽ちないように、何があろうが、厳然《げんぜん》と庶民《しょみん》を愛《あい》し、護《まも》り、輝《かがや》かせゆく「黄金柱《おうごんばしら》」たれ！

その尊《とうと》き生涯《しょうがい》を、これからも私と共に、同志《どうし》と共に、広宣流布《こうせんるふ》の大願《だいがん》の実現《じつげん》に尽《つ》くそうではないか！

そこにこそ、最極無上《さいごくむじょう》の喜《よろこ》びと栄光《えいこう》と大満足《だいまんぞく》の人生があるからだ。

今日もまた
三世《さんぜ》のためにと
　立ちゆけや
愉快《ゆかい》に耐《た》えぬき
　断固《だんこ》と勝ちたれ

《出典》

（1）「巡礼の書」尾崎喜八訳、『リルケ全集1』所収、彌生書房
（2）『コモン・センス』小松春雄訳、岩波文庫
（3）佐藤寛著『山岡鉄舟幕末・維新の仕事人』光文社
（4）山田済斎編『西郷南洲遺訓』岩波文庫
（5）『サン＝テグジュペリ著作集1』山崎庸一郎訳、みすず書房
（6）吉川幸次郎著『杜甫詩注1』筑摩書房

随筆 人間世紀の光

信心に定年なし

わが「太陽会」よ 赫々《かっかく》と燃《も》えて輝《かがや》け

(2005年1月28日 全集136巻)

毎朝、目が覚《さ》めると、今日はどんな手を打つか、どんな戦いを起こすか、頭脳《ずのう》はフル回転を始める。全部、広宣流布の布石《ふせき》のためである。法則《ほうそく》に適《かな》った前進の前には、迷路《めいろ》などはない。この我々の軌道《きどう》を突《つ》き進《すす》んでいけば、確固《かっこ》たる大勝利の大空が見える。

日本中、世界中からの報告《ほうこく》を聞き、同志からの手紙を拝見《はいけん》し、多くの友に指導し、また激励《げきれい》し、さらに集中して原稿《げんこう》の仕事をする。一息《ひといき》つくと、もう夕方である。この時、ちょうど八王子の東京牧口記念会館にいれば、しばしば光と光が相寄《あいよ》って輝《かがや》く、新しい美しき夕焼けに目を奪《うば》われる。あの「夕焼け小焼け」の童謡《どうよう》に歌われた八王子である。

活気《かっき》あふれて賑《にぎ》わう、限《かぎ》りなく高貴《こうき》なわが同志たちの強さと、勇気ある正義の態度《たいど》は、あまりにも喜ばしい姿《すがた》だ。帰り道、嬉《うれ》しい気持ちで外に出れば、オレンジ色に燃《も》えた大空を背《せ》にして、雄大《ゆうだい》なる限《かぎ》りなき壮麗《そうれい》な富士《ふじ》の山が見える。その最も美しき光景のなかを、静かにして永遠《えいえん》の勝利の光を放《はな》ちゆく太陽が、刻々《こっこく》と沈《しず》んでいく。

それは、一日の終わりという感傷《かんしょう》など消し飛ばし、戦いきった生命力で、再《ふたた》び新しい一日への大いなる挑戦《ちょうせん》を人間に呼《よ》びかけるような、まことに荘厳《そうごん》な光景だ。正確《せいかく》なる軌道《きどう》を悠然《ゆうぜん》と歩みゆく夕日は、太陽にとって決して終わりの姿《すがた》ではないのだ。

太陽は常《つね》に、輝《かがや》き光っている。人の目が夜は届《とど》かないだけで、どんな時も赫々《かっかく》と燃《も》えているのだ。我ら人間の生命も同じである。生死は不二であり、その当体《とうたい》は三世永遠《えいえん》を貫《つらぬ》いている。喜びに光り、盛《さか》んな勢威《せいい》の証《あかし》である夕日は、明日《あした》の晴天を約束する。我らの充実《じゅうじつ》した人生の総仕《そうし》上《あ》げは、永遠《えいえん》にわたる幸福の軌道《きどう》を約束してくれるのだ。

夕日は、優《やさ》しく美しく、荘厳《そうごん》に沈《しず》みゆく。人間もまた、そうあらねばならぬ。年を重ねるごとに、深い悲《かな》しみゆえに老《ふ》けていくものであってはならない。強さと勇気ある生命をもって、胸《むね》に充《み》ち満《み》ちたる希望を失うことなく、生き生きと最終章まで生き抜いていくことだ。我らの生き甲斐《いがい》の究極である広宣流布に、尽《つ》くしきっていくことである。

限《かぎ》りなき崇高《すうこう》なる太陽には、休息はない！

永遠《えいえん》に私たちのために歓呼《かんこ》して、灼熱《しゃくねつ》の無限《むげん》の力《ちから》をもって我らを照《て》らし、生きゆく原動力となってくれているのだ。方程式《ほうていしき》を同じくして仏道《ぶつどう》修行《しゅぎょう》に引退《いんたい》はない！

今年（二〇〇五年）は、戦後六十年。ベビーブームに生まれた「団塊《だんかい》の世代」にも、定年の節目《ふしめ》は近い。空前の少子高齢《しょうしこうれい》社会の今、豊《ゆた》かな老後の生き方が模索《もさく》されている。定年によって、張《は》りつめていた心の糸が緩《ゆる》み、生《い》き甲斐《がい》や目標を見失う人もいる。定年を引き金にした悲劇《ひげき》も生まれやすい。

そんな世相《せそう》だからこそ、わが学会員の躍動《やくどう》が光る。定年後も、友のため、地域《ちいき》のため、社会のため、はつらつと行動する姿《すがた》は、偉大《いだい》な信仰《しんこう》の実証《じっしょう》である。

とくに、平日の昼間から動きに動き、今や各地のたくましい牽引力《けんいんりょく》となっておられる、「太陽会」の奮闘《ふんとう》ぶりは、まことに目覚《めざ》ましい。青年部から進出したばかりのヤング壮年部も、「太陽会」の勢《いきお》いに、大いに刺激《しげき》を受け、負けじと頑張《がんば》っている。多宝会《たほうかい》、宝寿会《ほうじゅかい》、錦宝会《きんぽうかい》の壮年はもちろん、婦人部の皆様方も、ますますお元気であり、本当に嬉《うれ》しい。

御聖訓《ごせいくん》には、「年は・わか《若》うなり福はかさなり候《そうろう》べし」（御書一一三五㌻）と仰《おお》せである。

広宣流布に戦えば戦うほど、若くなる。福徳《ふくとく》が増《ま》していく。学会活動ほど、尊《とうと》く、有《あ》り難《がた》いものはない。会社に定年はあるが、信心に定年はない。退《ひ》いてしまえば負けである。

子どもは成人し、孫もできた。生活は安定した。だからといって、そこに安住《あんじゅう》しては人生の最終章を飾《かざ》れない。過去《かこ》にこれだけやったという慢《まん》心《しん》。新しい挑戦《ちょうせん》を避《さ》ける臆病《おくびょう》。若い人への遠慮《えんりょ》。そんな心の隙間《すきま》に〝老い〟は忍《しの》び寄《よ》ってくる。

最後まで戦い続ける人が一番偉《えら》い。一番若《わか》い、不老《ふろう》の生命である。一番円熟《えんじゅく》した、人生の勝利者である。戦う心を失えば五十歳でも老人だ。

炎《ほのお》の心で前進すれば八十歳でも青年だ。

創価の父・牧口先生は、五十代から、六十代、そして七十代へ、「前進また前進！」「闘争《とうそう》また闘争！」のご生涯《しょうがい》であった。

仏法と出あったのは五十七歳。創価教育学会を創立《そうりつ》されたのは五十九歳である。七十歳になっても、口癖《くちぐせ》のように「我々、青年は！」と言われ、意気軒昂《いきけんこう》であった。民衆の幸福のために走り抜き、軍部政府の弾圧《だんあつ》をも恐《おそ》れず、殉教《じゅんきょう》なされた。学会を創立《そうりつ》し、戦い抜かれた晩年《ばんねん》の十四年間――ここに、永遠《えいえん》の創価の父の魂《たましい》が凝縮《ぎょうしゅく》されている。

我らもまた、年齢《ねんれい》を重ねるごとに、さらに戦う気概《きがい》を燃《も》やしていく、大使命の人生でありたいものだ。

九十歳を超《こ》えて、なお財界《ざいかい》で活躍《かつやく》された松下《まつした》幸之助《こうのすけ》氏から、私は還暦《かんれき》を迎《むか》えた時に御祝辞《ごしゅくじ》を頂戴《ちょうだい》した。一九八八年（昭和六十三年）のことである。

その御祝辞《ごしゅくじ》のなかに――「もうひとつ〈創価学会〉をお作りになられる位《くらい》の心意気《こころいき》で」とあった。まことに気宇壮大《きうそうだい》、ふと、松下翁《おう》の闊達《かったつ》な肉声が聞こえてくる思いがした。

〝池田先生、還暦《かんれき》や言うても、まだまだ若うおまっせ。これから、も一つ、学会を作ったろうという心意気《こころいき》で、やってみなはれ！〟と。

嬉《うれ》しかった。新たな闘魂《とうこん》の炎《ほのお》が、わが胸《むね》に燃《も》えた。

わが師が常々《つねづね》、「戸田の命よりも大事」と言われた学会の組織である。私は、師をお守りするのと同じ覚悟《かくご》で、いかなる攻撃《こうげき》からも、広宣流布を遂行《すいこう》する学会を死守《ししゅ》し、発展《はってん》させてきた。大事なのは、広宣流布である。大事なのは、創価学会である。大事なのは、創価学会員である。

ところが、そのかけがえのない組織を分断《ぶんだん》し、学会を乗っ取ろうとする、邪宗門《じゃしゅうもん》の謀略《ぼうりゃく》が明らかになったのだ。一九九〇年（平成二年）の暮《く》れであった。

私は許《ゆる》せなかった。学会の組織の破壊《はかい》は、私にとって、師の命を傷《きず》つけられ、奪《うば》われることに等しいからだ！　学会がどれほど宗門《しゅうもん》を守り抜《ぬ》いたことか。戦後の宗門の興隆《こうりゅう》は、学会の赤誠《せきせい》なくしてあり得たとでもいうのか！　それを、供養《くよう》を取るだけ取り尽《つ》くして、最後は一言《ひとこと》のお礼も、一度の挨拶《あいさつ》もなく、陰謀《いんぼう》をめぐらし、カットしてきたのだ。人間の道を踏《ふ》み外《はず》した、これ以上の忘恩《ぼうおん》があろうか！

日蓮大聖人の御心《おこころ》に違背《いはい》する、これ以上の破《は》和合僧《わごうそう》があろうか！　仏意仏勅《ぶついぶっちょく》の広宣流布の組織を破壊《はかい》する、これほどの大悪業《だいあくぎょう》の輩《やから》を倒《たお》さずして、どこに仏法の正義《せいぎ》があるのか！

「極悪《ごくあく》」を打《う》ち破《やぶ》ってこそ、「極善《ごくぜん》」である。だから私は、猛然《もうぜん》と戦った。全国、全世界の同志も、総立《そうだ》ちになって戦った。そして今や、峻厳《しゅんげん》に、仏法の正邪《せいじゃ》は決した。

衰退《すいたい》の一途《いっと》をたどる邪宗門《じゃしゅうもん》と対照的《たいしょうてき》に、わが学会は隆々《りゅうりゅう》と大発展《だいはってん》した。世界百九十カ国・地域（＝当時）に拡大《かくだい》し、人類的な平和・文化・

教育の運動を推進《すいしん》しゆく母体となった。学会は、日蓮仏法を根底にした、名実共《めいじつとも》に「世界宗教」として、飛躍《ひやく》を遂《と》げたのだ！

奇《く》しくも、松下翁《まつしたおう》が言われた〝もうひとつの創価学会〟の表現《ひょうげん》に符合《ふごう》するかのように、さらに強靱《きょうじん》で、金剛不壊《こんごうふえ》の学会が、世界に飛翔《ひしょう》したのである。

私は、年を重ねるごとに、一日を一週間分に、いな一日を一カ月分にも充実《じゅうじつ》させる思いで働いてきた。広宣流布の戦野《せんや》も、日に日に拡大《かくだい》し、その運動量は水嵩《みずかさ》を増《ま》している。

どこまでも学会と共に！　いつまでも広布のために！　この決定《けつじょう》した心こそ、わが人生を何倍にも濃密《のうみつ》に、また、豊《ゆた》かに総仕上《そうしあ》げする要諦《ようてい》である。

大文豪《だいぶんごう》ユゴーは、五十九歳で畢生《ひっせい》の大作『レ・ミゼラブル』を完成させた。その後も創《そう》作意欲《さくいよく》は全く衰《おとろ》えず、六十六歳の時、内面の躍《やく》動《どう》を手紙に綴《つづ》った。

「おお！　私が老いることなく、かえって、若《わか》く、成長を続けるということは、何より、すばらしき魂《たましい》の証明《しょうめい》ではないか！　私の肉体は衰《おとろ》えるが、私の思想はいよいよ成熟《せいじゅく》する！　私の老いの姿《すがた》のなかにこそ、むしろ思想の開花が存在《そんざい》するのだ」（André Maurois, Olympio ou la vie de Victor Hugo,Librairie Hachette）

ユゴーは何歳になっても、戦う魂《たましい》を失わなかった。民衆を虐《しいた》げる悪を許《ゆる》さなかった。この闘魂《とうこん》こそ、八十三星霜《せいそう》にわたって旺盛《おうせい》な創造力《そうぞうりょく》を支《ささ》えた源《みなもと》にちがいない。

私がこれまで対談した世界の識者《しきしゃ》の方々も、黄金の人生の年輪《ねんりん》を重ねておられる。大経済学者のガルブレイス博士は、今年（二〇〇五年）九十七歳。パグウォッシュ会議の名誉会長であるロートブラット博士も、同じく今年九十七歳になられる。

お二人に比《くら》べれば、私などまだまだ二十歳も若《わか》い。両博士とも、真剣《しんけん》に考えておられるのは将来《しょうらい》であった。「未来をどうするか」であった。

日寛上人《にちかんしょうにん》は、「如来《にょらい》七十二歳より八箇年《かねん》の間に（＝法華経の）二十八品《ぽん》を説《と》く」とし、「七十六の御歳《おんとし》、正しく寿量品《じゅりょうほん》を説くなり」と言われた。（『日寛上人文段集』）

その寿量品には、仏《ほとけ》の寿命《じゅみょう》は限《かぎ》りなく長遠《ちょうおん》であることが明かされている。そして、この妙法《みょうほう》を信受《しんじゅ》した人が起こすべき誓願《せいがん》が、分別功徳品《ふんべつくどくほん》に説《と》かれている。

「我《わ》れは未来に於《お》いて　長寿《ちょうじゅ》にして衆生《しゅじょう》を度《ど》せんこと」（法華経五〇五ページ）

私たちの実践《じっせん》に即《そく》していえば、長生きをして、少しでも長く、人びとのために働こうとする誓《ちか》いである。

なんのために、生きるのか。

なんのために、長生きするのか。

それは、わが使命たる広宣流布のためである。

ゆえに、我らは一生涯《いっしょうがい》、「健康長寿《ちょうじゅ》の信心」を貫《つらぬ》いていくのだ！

「絶対《ぜったい》勝利の信心」を、あとに続く青年に示《しめ》し切っていくのだ！

赫々《かっかく》たる太陽の如《ごと》く！

大白蓮華　巻頭言

丈夫《ますらお》よ「この道《みち》」勝《か》ち抜《ぬ》け！

（2016年3月号）

丈夫《ますらお》よ
　この道《みち》　勝《か》ち抜《ぬ》け
　　友《とも》のため
王者《おうじゃ》の戦《いくさ》を
　　堂々《どうどう》　飾《かざ》れや

我《われ》ら壮年部《そうねんぶ》は、一九六六年（昭和四十一年）三月、婦人部《ふじんぶ》、青年部《せいねんぶ》に遅《おく》るること十五年にして誕生《たんじょう》した。

思《おも》えば、法華経の会座《えざ》に最後《さいご》に馳《は》せ参《さん》じたのは、普賢菩薩《ふげんぼさつ》である。普賢は遅《おく》れを取《と》り戻《もど》す如《ごと》く、末法《まっぽう》に法華経の行者《ぎょうじゃ》を守護《しゅご》することを、真《しん》剣《けん》に誓《ちか》った。その熱誠《ねっせい》を、仏《ほとけ》はことのほか喜《よろこ》ばれたのである。

壮年部《そうねんぶ》の結成《けっせい》に当《あ》たって、私たちは約《やく》し合《あ》った。

「壮年部《そうねんぶ》は、各部《かくぶ》のなかの一つの部《ぶ》ではない。各部《かくぶ》の調和《ちょうわ》をとり、責任《せきにん》をもって、学会を、会員《かいいん》を、守《まも》る。創価の城《しろ》を支《ささ》えゆく、黄金柱《おうごんばしら》になるのだ」と。

この誓《ちか》いのままに、妙法の名将《めいしょう》たちは奮《ふる》い立《た》った。私と共《とも》に、広宣流布の責任《せきにん》を担《にな》い、支部《しぶ》で、地区《ちく》で、ブロックで、同志《どうし》を励《はげ》まし、守《まも》り抜《ぬ》いてくれた。

学会が、諸難《しょなん》ありとも、微動《びどう》だにせず、大発《だいはっ》展《てん》を遂《と》げてきたのは、まさしく「黄金柱《おうごんばしら》」たる壮年《そうねん》が、いずこの地《ち》にも雄々《おお》しく屹立《きつりつ》しているからである。

いかなる社会《しゃかい》と人生《じんせい》の烈風《れっぷう》が吹《ふ》き荒《あ》れようとも、歯《は》を食《く》いしばって厳然《げんぜん》と、創価の城《しろ》を支《ささ》えてくれた尊《とうと》き父《ちち》たちのことを、どうして忘《わす》れられようか。

日蓮大聖人は、「天《てん》・地《ち》・人《じん》を貫《つらぬ》きて少《すこ》しも傾《かたむ》かざるを王《おう》とは名《なづ》けたり」（御書一四二二㌻）と仰《おお》せである。

大宇宙《だいうちゅう》をも包《つつ》みゆく、壮大《そうだい》な「一念三千《いちねんさんぜん》」の法理《ほうり》を行《ぎょう》ずる我《われ》らだ。権力《けんりょく》によらず、財力《ざいりょく》にもよらず、ただ一人の男《おとこ》として生命《せいめい》の本源《ほんげん》の底力《そこぢから》を発揮《はっき》し、生老病死《しょうろうびょうし》の苦悩《くのう》に応戦《おうせん》して、創価家《か》族《ぞく》を牽引《けんいん》するのだ。無名無冠《むめいむかん》なれど、最《もっと》も誇《ほこ》り高《たか》き人間王者《おうじゃ》である。

恩師《おんし》・戸田城聖先生は「王者《おうじゃ》の中《なか》の大王者《だいおうじゃ》」の道《みち》を進《すす》み抜《ぬ》かれた。先生は悠然《ゆうぜん》と語《かた》られている。

「私は、かりに地獄《じごく》に堕《お》ちたとしても平気《へいき》だよ。その時《とき》は、地獄《じごく》の衆生《しゅじょう》を折伏《しゃくぶく》して寂光土《じゃっこうど》とするんだ。男《おとこ》が臆《おく》せば男ではない。どんな苦労《くろう》も仏《ほとけ》の力《ちから》に変《か》えられる。三障四魔《さんしょうしま》が強《つよ》いのは、むしろ信心で、必《かなら》ず勝《か》てるという証《あか》しなんだ。人生《じんせい》は強気《つよき》でいけ！」と。

創価の王者《おうじゃ》に恐《おそ》れはない。逡巡《しゅんじゅん》もない。気取《きど》りもなければ、威張《いば》りもない。ありのままの人《にん》間味《げんみ》で、庶民《しょみん》と共《とも》に、庶民のために、毀誉褒貶《きよほうへん》など豪快《ごうかい》に笑《わら》い飛《と》ばして戦《たたか》う。現実社会《げんじつしゃかい》の只中《ただなか》で、法華経の兵法《へいほう》を掲《かか》げて大闘争《だいとうそう》を続《つづ》ける。そして、後継《こうけい》の宝《たから》の若人《わこうど》を慈《いつく》しみ、自分以上《じぶんいじょう》の大《だい》人材《じんざい》へと育《そだ》てゆくのだ。

愛《あい》する神奈川天地《てんち》に、村八分《むらはちぶ》の圧迫《あっぱく》も、倒産《とうさん》の憂《う》き目《め》も、命《いのち》に及《およ》ぶ大病《たいびょう》も、信心で勝《か》ち越《こ》えてきた、誉《ほま》れの戦友《せんゆう》がいる。「われ地域《ちいき》広布の責任者《せきにんしゃ》なり。創価の世雄《せおう》の生《い》き方《かた》を見《み》よ！」と社会《しゃかい》に信頼《しんらい》を広《ひろ》げ、保護司《ほごし》として大勢《おおぜい》の人々の更生《こうせい》にも尽《つ》くしてきた。

今、各地《かくち》で五勇士《ごゆうし》や十勇士《じゅうゆうし》も陸続《りくぞく》と躍《おど》り出《で》ている。法城厳護《ほうじょうげんご》の王城会《おうじょうかい》や、太陽会《たいようかい》はじめ生涯《しょうがい》求道《きゅうどう》の丈夫《ますらお》たちも、何《なん》と頼《たの》もしく奮闘《ふんとう》してくれていることか。

史上空前《しじょうくうぜん》の高齢社会《こうれいしゃかい》に、わが青年部《せいねんぶ》で戦《たたか》った団塊《だんかい》の世代《せだい》がいよいよ「黄金柱《おうごんばしら》」として輝《かがや》いていくのだ。

壮年部《そうねんぶ》の誕生《たんじょう》から半世紀《はんせいき》。「五十にして天命《てんめい》を知《し》る」だ。何《なに》があろうと勝《か》って同志《どうし》を守《まも》り抜《ぬ》く。この天命をば、共々《ともども》に断固《だんこ》と果《は》たし切《き》ろうではないか！

大白蓮華　巻頭言

わが壮年部よ！　同志《どうし》の城《しろ》を頼《たの》む

（2012年3月号）

君《きみ》も勝《か》て
　我《われ》も勝《か》ちなむ
　　断固《だんこ》して
この一生《いっしょう》を
　勝利《しょうり》の賢者《けんじゃ》と

壮大《そうだい》なシルクロードの天地《てんち》に伝《つた》わってきた格《かく》言《げん》に、「下《くだ》り坂《ざか》の後《あと》は必《かなら》ず上《のぼ》り坂《ざか》が来《く》るように、

男はどんな状況《じょうきょう》でも活路《かつろ》を見出《みいだ》す」とある。

これぞ、我《われ》ら壮年部の心意気《こころいき》だ。

いかなる苦難《くなん》の道《みち》も、昂然《こうぜん》と胸《むね》を張《は》って乗《の》り越《こ》え、皆《みな》に勇気《ゆうき》を贈《おく》り、共々《ともども》に勝利《しょうり》の喜《よろこ》びの都《みやこ》へ凱旋《がいせん》する。ここに、広布の闘将《とうしょう》の本懐《ほんかい》がある。

日蓮大聖人は、競《きそ》い起《お》こる三障四魔《さんしょうしま》と戦《たたか》う池上兄弟《がみきょうだい》を「石《いし》はやけばはい灰となる金《こがね》は・やけば

真金《しんきん》となる」（御書一〇八三ページ）と励《はげ》まされた。

身《み》も心《こころ》も焼《や》き尽《つ》くされるような苦《くる》しみを経《へ》てこそ、男は本物《ほんもの》となる。仕事《しごと》の危機《きき》や大病《たいびょう》等《とう》、厳《きび》しい試練《しれん》を耐《た》え抜《ぬ》いて、黄金《おうごん》の柱《はしら》と立《た》つのだ。

事業《じぎょう》が絶体絶命《ぜったいぜつめい》の窮地《きゅうち》にあった、その時《とき》、わが師《し》は毅然《きぜん》と言《い》い放《はな》った。

「さあ、来《こ》い！　戸田城聖は戸田城聖である。御書は、一から百まで信心で勝《か》てと教《おし》えておられる。信心で踏《ふ》ん張《ば》った分《ぶん》だけ、必《かなら》ず偉大《いだい》な勝《しょう》利《り》の夜明《よあ》けが待《ま》っているのだ」

法華経に涌現《ゆげん》する、巨大《きょだい》にして荘厳《そうごん》な「宝《ほう》塔《とう》」は、何《なに》を意味《いみ》するのか。

大聖人は、壮年門下の阿仏房《あぶつぼう》の問《と》いに答《こた》えられて、「末法《まっぽう》に入《い》って法華経を持《たも》つ男女《なんにょ》の・すがたより外《ほか》には宝塔《ほうとう》なきなり」「阿仏房さながら宝塔・宝塔さながら阿仏房」（御書一三〇四ページ）と仰《おお》せである。

広宣流布に生《い》き抜《ぬ》く父母《ちちはは》たちの生命《せいめい》こそが、尊極《そんごく》の「宝塔《ほうとう》」なのだ。

この宝塔《ほうとう》は、生老病死《しょうろうびょうし》の諸々《もろもろ》の苦悩《くのう》をも、妙《みょう》法《ほう》の力《ちから》で「常楽我浄《じょうらくがじょう》」の香風《こうふう》へと転《てん》じながら、人々を励《はげ》まし、導《みちび》いていく存在《そんざい》である。まさに、わが多宝会《たほうかい》・宝寿会《ほうじゅかい》・錦宝会《きんぽうかい》の皆様方《みなさまがた》の振《ふ》る舞《ま》いそのものではないか。

東北に、私と同《おな》じ年代《ねんだい》の忘《わす》れ得《え》ぬ多宝《たほう》の戦友《せんゆう》がいる。かつて支部長時代《しぶちょうじだい》には、倒産《とうさん》から雄々《おお》しく再起《さいき》した。第一次宗門事件《しゅうもんじけん》の嵐《あらし》の中《なか》でも、丑寅勤行《うしとらごんぎょう》を続《つづ》けながら、勇敢《ゆうかん》に指揮《しき》を執《と》ってくれる彼《かれ》に、私は贈《おく》った。

「辛《つら》くとも　君《きみ》よ頼《たの》む　同志城《どうしじょう》」

宝《たから》の学会を魔軍《まぐん》に踏《ふ》み荒《あ》らされてなるものかと戦《たたか》い抜《ぬ》いてくれた。

――あの東日本大震災《だいしんさい》より一年。

彼《かれ》は今《いま》も厳然《げんぜん》と皆《みな》を激励《げきれい》し、同志《どうし》の城《しろ》を守《まも》りに護《まも》ってくれている。

先日《せんじつ》も、嬉《うれ》しい近況《きんきょう》を伺《うかが》った。

「お陰《かげ》さまで今《いま》が一番元気《いちばんげんき》です。毎日《まいにち》が、戦《たたか》える幸福感《こうふくかん》と感謝《かんしゃ》と感動《かんどう》で一杯《いっぱい》です！」

わが壮年部が意気軒昂《いきけんこう》であれば、婦人部が喜《よろこ》んでくださる。青年部も快活《かいかつ》に続《つづ》く。未来部も強《つよ》く元気《げんき》に育《そだ》つ。地域《ちいき》も社会《しゃかい》も刮目《かつもく》する。

「黄金柱《おうごんばしら》」とは、一切《いっさい》を黄金《おうごん》に変《か》えゆく柱《はしら》だ。

御義口伝《おんぎくでん》には「法華《ほっけ》の題目は獅子《しし》の吼《ほ》ゆるが如《ごと》く」（御書七六四㌻）と仰《おお》せである。大変《たいへん》であるほど、題目だ。この無敵《むてき》の師子吼《ししく》で雄渾《ゆうこん》なる大生命力《だいせいめいりょく》を発揮《はっき》し、断《だん》じて勝《か》ち抜《ぬ》くのだ。

アメリカの仏教研究家《ぶっきょうけんきゅうか》ストランド氏も、人生《じんせい》に積極的《せっきょくてき》・現実的《げんじつてき》に立《た》ち向《む》かう学会員の力《ちから》の源《みなもと》は「題目を唱《とな》える時《とき》のダイナミックな『声《こえ》』と『勢《いきお》い』にある」[1]と洞察《どうさつ》されている。

今、各地《かくち》で頼《たの》もしい「勇士《ゆうし》」の陣列《じんれつ》が拡大《かくだい》し、ヤング壮年部が奮起《ふんき》している。法城《ほうじょう》を厳護《げんご》してくださる王城会《おうじょうかい》、さらに太陽会《たいようかい》、敢闘会《かんとうかい》等の奮《ふん》闘《とう》も、何《なん》とありがたいことか。

私も一生涯《いっしょうがい》、戦《たたか》う壮年部である。師《し》の叫《さけ》びを不二《ふに》の盟友《めいゆう》に贈《おく》りたい。

「広宣流布のために、〝男の生《い》きざまとはこうだ！〟というものを、この世《よ》に残《のこ》そうじゃないか！」

仏勅《ぶっちょく》の
　我《わ》が学会の
　　君《きみ》もまた
尊《とうと》き柱《はしら》と
　その名《な》は三世《さんぜ》に

《出典》

（1）『SGIと世界宗教の誕生』今井真理子訳、第三文明社

王城会の友へ

天晴《てんは》れて
勝利の柱の
王城会

4指針

一、師弟勝利の王城会
一、学会厳護《げんご》の王城会
一、会員第一の王城会
一、地域と社会の柱 王城会

池田SGI会長が昭和54年5月3日に認めた「共戦」の揮毫

第2章 壮年部への指《し》針《しん》

壮年部は、池田SGI会長の指針《ししん》を胸《むね》に、
家族と地域と未来を背負《せお》い、威風《いふう》も堂々《どうどう》と進みゆく。

1——師弟

なぜ「師弟」が大切なのか？

成長への最高の「因《いん》」

仏法《ぶっぽう》も人生も、成長への最高の「因《いん》」となるのが「師匠」の存在《そんざい》です。師と出会い、師に応《こた》え、師と共に戦い、師の勇気と智慧《ちえ》を生命に刻《きざ》んでいく中で、自分の小さな境涯《きょうがい》のカラを破《やぶ》ることができる。それこそが、大いなる未来の自己《じこ》を築《きず》きゆく勝利の根源力《こんげんりょく》となるのです。

（『御書と師弟』）

本当の底力《そこぢから》が出せる

御聖訓《ごせいくん》には「よき師と・よき檀那《だんな》（＝弟子）と・よき法《ほう》と此《こ》の三《みつ》寄《よ》り合《あ》いて祈《いの》りを成就《じょうじゅ》し国土《こくど》の

大難《だいなん》をも払《はら》ふべき者《もの》なり」（御書五五〇ジペー）と説《と》かれる。

「師弟不二《ふに》ならば、一切を勝利できる」――これが、仏法《ぶっぽう》の要諦《ようてい》であり、学会精神の真髄《しんずい》である。

「師と共に」戦うから、小さな自分の殻《から》を破《やぶ》れる。

「師のために」戦うから、本当の底力《そこぢから》が出せる。

「師弟不二《ふに》」なればこそ、いかなる苦難《くなん》も恐《おそ》れず、生命の最極《さいごく》の軌道《きどう》を進める。


（随筆　人間世紀の光　２００９年2月14日　全集１３９巻）

生命の大法《だいほう》を会得《えとく》していくため

師弟という言葉に、何か時代錯誤的《じだいさくごてき》な、封建《ほうけん》時代の遺物《いぶつ》のような印象《いんしょう》をいだく人も少《すく》なくない。しかし、いかなる道を極《きわ》めるにも、師が必要《ひつよう》である。ましてや、仏法《ぶっぽう》という生命の大法《だいほう》を会得《えとく》していくためには、それを感得《かんとく》し、自《みずか》らを触発《しょくはつ》してくれる師の存在《そんざい》が不可欠《ふかけつ》となる。人間を育《はぐく》むものは、人間以外にない。

（小説『人間革命』12巻「新・黎明」）

「師弟不二《ふに》」とは？

通《かよ》い合《あ》う生命の脈動《みゃくどう》

師の意図《いと》が、脈動《みゃくどう》となって弟子の五体《ごたい》をめぐり、それが自発能動《じはつのうどう》の実践《じっせん》の姿《すがた》をとる時、初めて師弟不二《ふに》の道を、かろうじて全《まっと》うすることができる。師弟に通《かよ》い合《あ》う生命の脈動こそ、不二たらしめる原動力《げんどうりょく》である。

師の言葉を教条的《きょうじょうてき》に理解し、ただ追従《ついじゅう》することは、弟子にとって極《きわ》めて容易《ようい》なことだ。師の言葉から、師の意図《いと》を知り、さらに、その根源《こんげん》にまで迫《せま》って、その同じ根源を師と共《とも》に分《わ》かち合《あ》う弟子の一念《いちねん》は、まことに、まれだといわなければならない。しかし、このまれなる一念の獲得《かくとく》にこそ、師弟不二《ふに》の道の一切《いっさい》が、かかっているのである。

（小説『人間革命』10巻「脈動」）

自分の心に師匠がいること

師弟不二《ふに》とは、師の心をわが心として生きることであり、いつ、いかなる時も、己心《こしん》に厳《げん》として師匠がいることから始《はじ》まる。いくら〝師弟の道〟を叫《さけ》んでいても、自分の心に師匠がいなければ、もはや、仏法《ぶっぽう》ではない。

師匠を、〝自分の心の外にいる存在《そんざい》〟ととらえれば、師の振《ふ》る舞《ま》いも、指導《しどう》も、自身の内面的《ないめんてき》な規範《きはん》とはならない。そして、師匠が自分をどう見ているかという、師の〝目〟や〝評価《ひょうか》〟が行動の基準《きじゅん》となってしまう。そうなると、〝師匠が厳《きび》しく言うから頑張《がんば》るが、折《おり》あらば手を抜こう〟という要領主義《ようりょうしゅぎ》に堕《だ》していくことになりかねない。そこには、自己《じこ》の信心の深化《しんか》もなければ、人間革命もない。

（小説『新・人間革命』25巻「人材城」）

目的を同じくする

（＝弟子が、すべての衆生《しゅじょう》が平等に成仏《じょうぶつ》できるという）この大哲学《だいてつがく》の上に、すべての人々を仏《ほとけ》にしようという大闘争《だいとうそう》の軌道《きどう》に入った。そこで初めて、仏が歩んでいるのと同じ道に入った。根本の一念《いちねん》において、師弟が目的を同じくする同志となり、「不二《ふに》」の道を歩む先輩《せんぱい》と後輩《こうはい》の関係になった。そのように進んでいくのが、真《しん》の師弟なのです。

（法華経の智慧　全集29巻）

「師弟不二《ふに》」の実践《じっせん》とは?

「先生だったらどうされるか」と

私はいつも、恩師《おんし》・戸田先生だったらどうされるだろうか、を考えて生きてきた。恩師《おんし》なきあと、嵐《あらし》の時も、ただ「戸田先生なら、どう思われるか。何を言われるか。どうされるだろうか」を己心《こしん》にさぐり、胸中《きょうちゅう》の先生と対話しながら生きてきた。

「革命《かくめい》には、弾圧《だんあつ》も、非難《ひなん》もつきものだ。なにがあっても恐《おそ》れるな。命をかければ、なにも怖《こわ》いものはなくなるのだ」「二百年たったら、皆《みな》、わかるよ」

生命をふり絞《しぼ》るような先生の声であった。

「あとは頼《たの》むぞ」の一言が、私の人生となった。（世界の指導者と語る　聖教新聞1996年9月22日付）

師匠に報告《ほうこく》できる実証《じっしょう》を

「師匠の総仕上《そうしあ》げの戦いというのは、弟子の大成《たいせい》を見届《みとど》けることなんです。つまり、弟子が、『先生！　わが勝利を、ご覧《らん》ください！』と、師匠に胸《むね》を張《は》って報告《ほうこく》できる実証《じっしょう》を示《しめ》すことなんです。

それが、師弟不二《ふに》です。

私は、そう心を定《さだ》めたからこそ、力《ちから》が出せた。勇気と智慧《ちえ》を湧《わ》かせることができた。

〝広宣流布の師匠に応《こた》えよう！〟と、弟子が燃《も》え立《た》つ時、師匠の師子王《ししおう》の生命が、わが胸中《きょうちゅう》に脈打《みゃくう》つんです。つまり、師弟不二《ふに》の自覚に立てば、師と共に広宣流布の大使命を担《にな》う、久遠《くおん》の自身の生命が脈動《みゃくどう》する。そこに、最大の力《ちから》がみなぎるんです」


（小説『新・人間革命』26巻「奮迅」）

だれかに言われて、やるのではない

（＝法華経《ほけきょう》に説《と》かれる「作師子吼《さししく》」の「師」とは「師匠が授《さず》けるところの妙法《みょうほう》」。「子」とは「弟子が受けるところの妙法」。「吼《く》」とは「師と弟子がともに唱《とな》える音声《おんじょう》」。そして、「作《さ》」とは「作とはおこすと読むなり」。〈御書七四八㌻、趣意〉）

「おこす」とは「能動《のうどう》」です。だれかに言われて、やるのではない。「受け身」では師子吼《ししく》にならない。（中略）師匠は吼《ほ》えている。あとは、弟子が吼えるかどうかです。それを師匠は、じっと見つめて待っている。


（法華経の智慧　全集30巻）

創価の「師弟」

牧口常三郎先生(初代会長)、戸田城聖先生(第2代会長)、そして、池田大作先生(第3代会長)。創価3代の会長に脈打《みゃくう》つ「師弟」の絆《きずな》とは──。

あなたの慈悲《じひ》の広大無辺《こうだいむへん》は

(=第二次世界大戦中、学会は軍部政府《ぐんぶせいふ》の弾圧《だんあつ》を受け、会員数は激減《げきげん》した)

他の弟子が全滅《ぜんめつ》したなか、一人、戸田先生は、信念を押《お》し通《とお》し、しかも、こう言われたのである。

「あなた(=牧口先生)の慈悲《じひ》の広大無辺《こうだいむへん》は、わたくしを牢獄《ろうごく》まで連《つ》れていってくださいました。そのおかげで、『在在諸仏土《ざいざいしょぶつど》・常与師倶生《じょうよしぐしょう》』(=もろもろの仏《ほとけ》の国土《こくど》に、常《つね》に師とともに生まれる)と、妙法蓮華経《みょうほうれんげきょう》の一句《いっく》を身をもって読み、その功徳《くどく》で、地涌《じゆ》の菩薩《ぼさつ》の本事《ほんじ》を知り、法華経《ほけきょう》の意味をかすかながらも身読《しんどく》することができました。なんたるしあわせでございましょうか」

牧口先生の三回忌《さんかいき》の時の有名な講演《こうえん》である。なんと崇高《すうこう》な言葉であろうか。これが学会の「師弟の道」であり「仏法《ぶっぽう》の道」である。

大難《だいなん》を師匠と一緒《いっしょ》に受けられて「なんたる幸せでありましょうか」と。他の弟子と、天地雲泥《てんちうんでい》であった。

(本部幹部会　全集88巻)

生きて、師の偉大《いだい》さを顕彰《けんしょう》した弟子

戸田先生は、師匠の牧口先生とともに牢獄《ろうごく》へ行ったとき、何と祈《いの》られたか。

「わたくしは若《わか》い、先生はご老体《ろうたい》である。先生が一日も早く出られますように。わたくしはいつまで長くなってもよい。先生が、早く、早く出られますように」と、朝夕、祈《いの》られたのです。何と崇高《すうこう》な祈りか。

仏智《ぶっち》の広大無辺《こうだいむへん》でしょう。牧口先生は獄死《ごくし》されたが、不二《ふに》の弟子は生きて、牧口先生の偉大《いだい》さを顕彰《けんしょう》した。牧口先生の死を賭《と》しての国家主義《こっかしゅぎ》との闘争《とうそう》が、今、アジアで、世界で、どれほど創価学会の信用になっているか、計《はか》り知《し》れない。

(中略)

牧口先生は勝った。戸田先生の祈《いの》りは勝った。生死を超《こ》えて、勝ったのです。島国根性《しまぐにこんじょう》で狭《せま》い心の日本は、偉人《いじん》を狭い三畳間《さんじょうま》の独房《どくぼう》に押《お》しこめた。

しかし、牧口先生の偉大《いだい》さは、そんな黒い鎖《くさり》を断《た》ち切《き》って、全世界に広がっていったのです。戸田先生の一念《いちねん》によって——。これが本当の師弟の戦いです。

仏法《ぶっぽう》は、どこまでも師弟なのです。

（法華経の智慧　全集31巻）

「臨終只今《りんじゅうただいま》」の決心で

私は、自分自身の寿命《じゅみょう》も、（＝戸田）先生に差し上げて、その分、長生きしていただきたい、そして、先生に広宣流布の雄渾《ゆうこん》の指揮《しき》を執《と》っていただきたいと、ひたぶるに祈《いの》り抜いていたのである。

先生は、その私の心を見抜《みぬ》かれて言われた。

「お前は死のうとしている。俺《おれ》に命をくれようとしている。それは困《こま》る。お前は生き抜け。断《だん》じて生き抜け！　俺《おれ》の命と交換《こうかん》するんだ」

これが、先生と私であった。

後に先生は、最高幹部との語らいの席上、こう言われたという。私の義父母《ぎふぼ》も同席していた。

「大作は、体が弱いのに、学会のため、私のために、命を削《けず》り、奮迅《ふんじん》の努力をしてくれた。苦労をかけすぎて、三十まで生きられるか、どうか。大作がいなければ、私の後継《あとつ》ぎはどうなるか。学会の将来《しょうらい》はない。自分の命を代わりにあげて、なんとか長生きさせたい」

そう言われながら、慟哭《どうこく》され、落涙《らくるい》される師であられた。

一九五八年（昭和三十三年）の年頭、私は、「生きられない」と言われた三十歳になっていた。恩師《おんし》のおかげで、宿命を乗《の》り越《こ》え、まさしく「更賜寿命《きょうしじゅみょう》」させていただいたのである。

一日また一日、私は、妙法流布《みょうほうるふ》のために先生から頂戴《ちょうだい》した命と思い、師の生命と一体融合《いったいゆうごう》して、「臨終只今《りんじゅうただいま》」の決心で生き切ってきた。戦い切ってきた。

師弟不二《ふに》の偉大《いだい》な法則《ほうそく》を、護《まも》り抜き、語り抜いてきた。

師弟不二《ふに》の究極の人生を、一点の曇《くも》りもなく、悔《く》いもなく、戦い抜いてきた。そして、勝ち抜いてきた。

（随筆　人間世紀の光　2007年4月1日　全集138巻）

師弟不二の道を貫《つらぬ》く困難《こんなん》さ

一九五六年（昭和三十一年）の戦いに直面した時、戸田の弟子たちは、彼の指導を仰《あお》いだ。しかし、彼らは、自分たちの意図《いと》する世俗的《せぞくてき》な闘争方針《とうそうほうしん》を、心に持《じ》したままであったため、戸田の根本方針を、単なる原理として聞き、結局、自分たちの方針の参考としてしか理解《りかい》しなかった。戸田の指針《ししん》と、彼らの方針とは、厳密《げんみつ》にいって不同《ふどう》であったのである。

師弟の道を歩むのはやさしく、師弟不二《ふに》の道を貫《つらぬ》くことの困難《こんなん》さがここにある。

ただ、山本伸一だけが違《ちが》っていた。戸田の膝下《しっか》にあって、久《ひさ》しく厳《きび》しく育成されてきた彼は、関西方面の最高責任者《せきにんしゃ》となった時、戸田に言われるまでもなく、一人、多くの辛労《しんろう》に堪《た》えながら、作戦を立てた。

その彼の作戦の根本は、戸田の指針《ししん》と全《まった》く同一であった。不二《ふに》であった。彼には、戸田の指導を理解《りかい》しようなどという努力は、既《すで》に不必要であった。

以来、時々刻々《じじこくこく》と放《はな》たれる戸田の指導の一言一言が、伸一の闘争方針《とうそうほうしん》の実践《じっせん》に、ますます確信《かくしん》を与《あた》え、いよいよ渾身《こんしん》の力《ちから》を発揮《はっき》する縁《えん》となったのである。

彼は、一念《いちねん》において、既《すで》に、戸田の一念と合一《ごういつ》したところから出発していた。

ともあれ、大聖人の仏法《ぶっぽう》が師弟不二《ふに》の仏法であるならば、一切法《いっさいほう》がこれ仏法であるがゆえに、立正安国《りっしょうあんこく》の現実的《げんじつてき》な展開《てんかい》のなかにも、師弟不二の道が貫《つらぬ》かれていくことは、当然の理《ことわり》といわなければならない。

（小説『人間革命』10巻「一念」）

2――求《きゅう》道《どう》心《しん》

「求《きゅう》道《どう》心《しん》」とは?

「求道心《きゅうどうしん》」あればこそ、私たちは成長できます。
きのうよりも今日、今日より明日へと――。
では、その「求道心」とは?

新しい挑《ちょう》戦《せん》を重《かさ》ねていくこと

「信心の世界にあっては、常《つね》に〝いよいよ〟との気概《きがい》で、向上心《こうじょうしん》、求道心《きゅうどうしん》を燃《も》え上《あ》がらせて、新しい出発、新しい挑戦《ちょうせん》を重《かさ》ねていくことが大事なんです。

〝自分は、長年、信心してきた。いろいろな活動も経験《けいけん》してきた。だから、もうこれでいいだろう〟などと考えたならば、それは信心の惰性化《だせいか》です。幹部に、少しでもそんな思いがあれば、組織は停滞《ていたい》します。勇気をもって、その心を打《う》ち破《やぶ》っていくなかにこそ、〝凱歌《がいか》の人生〟があることを知ってください」

（小説『新・人間革命』「常楽」　聖教新聞2016年2月6日付）

限《かぎ》りない「智慧《ちえ》の泉《いずみ》」

師匠への、傲《おご》りなき謙虚《けんきょ》なる「求道《きゅうどう》」の一念《いちねん》こそが、限《かぎ》りない「智慧《ちえ》の泉《いずみ》」を胸中《きょうちゅう》に湧《わ》き出《だ》させていくのである。

（「群馬多宝研修道場」開所記念勤行会　全集83巻）

「学ぶこと」「行動すること」

仏道修行《ぶつどうしゅぎょう》の根本は、「行学《ぎょうがく》の二道《にどう》」――わかりやすくいえば、「学ぶこと」そして「行動すること」である。

御書には「法華経《ほけきょう》の法門《ほうもん》をきくにつけて・なをなを信心をはげむ《励》を・まこと《真》の道心者《どうしんしゃ》とは申《もう》すなり」（一五〇五ページ）と仰《おお》せだ。

学び深めた感動を胸《むね》に、率直《そっちょく》に仏法《ぶっぽう》を語り、大きく友情を広げ、友に励《はげ》ましを送るのだ。

実践《じっせん》の中で壁《かべ》にぶつかり、悩《なや》み、苦しむ。そこでまた、不屈《ふくつ》の求道心《きゅうどうしん》を燃《も》え立《た》たせる。学びながら行動し、行動しながら学ぶ——。「行学《ぎょうがく》」の持続こそ、人生勝利の根幹《こんかん》である。(『勝利の人間学』)

不自惜身命《ふじしゃくしんみょう》の心こそ仏《ほとけ》

私たちが日々、読誦《どくじゅ》している法華経寿量品《ほけきょうじゅりょうほん》の自我偈《じがげ》に「一心欲見佛《いっしんよっけんぶつ》 不自惜身命《ふじしゃくしんみょう》」(一心に仏《ほとけ》を見たてまつらんと欲《ほっ》して 自《みずか》ら身命を惜《お》しまず)とある。

日蓮大聖人は、「義浄房御書《ぎじょうぼうごしょ》」の中で、この経文《きょうもん》によって御自身の仏界《ぶっかい》を成就《じょうじゅ》されたと仰《おお》せである(御書八九二ジペー)。

そして「一心欲見佛《いっしんよっけんぶつ》」を妙法蓮華経《みょうほうれんげきょう》の五字に配《はい》し、こう明言《めいげん》しておられる。

「此《こ》の五字を弘通《ぐつう》せんには不自惜身命是《ふじしゃくしんみょうこれ》なり」と。

甚深《じんじん》の御言葉である。

大聖人は、さらに「一心欲見佛《いっしんよっけんぶつ》」の経文《きょうもん》を——

「一心《いっしん》に仏《ほとけ》を見る」

「心を一《いっ》にして仏《ほとけ》を見る」

「一心《いっしん》を見れば仏《ほとけ》なり」

と三重《さんじゅう》に読まれている。

必死に、また一心不乱《いっしんふらん》に仏《ほとけ》を求め抜く。妙法流布《みょうほうるふ》のために、一生懸命《いっしょうけんめい》に戦う。その不自惜身命《ふじしゃくしんみょう》の心こそ、実は仏なのである。


（随筆　我らの勝利の大道　聖教新聞2011年1月21日付）

師匠を求め、常《つね》に向上《こうじょう》すること

仏法《ぶっぽう》の世界では、実直《じっちょく》な「求道《きゅうどう》の人」が必ず勝ちます。真面目《まじめ》に地道《じみち》な信心を貫《つらぬ》き、堅実《けんじつ》な生活を築《きず》き上《あ》げた人が、最後は勝利するのです。

「求道《きゅうどう》の人」は、師匠を求め、常《つね》に「向上《こうじょう》の心」が輝《かがや》きます。心に師を抱《いだ》いて戦う人には、決して恐《おそ》れがありません。


（『勝利の経典「御書」に学ぶ』）

仏法者《ぶっぽうしゃ》の生き方

日蓮大聖人の仏法《ぶっぽう》は、「本因妙《ほんいんみょう》」の仏法である。それは、私たちの生き方に当てはめていうならば、「生涯求道《しょうがいきゅうどう》」「生涯精進《しょうじん》」「生涯成長」ということである。

大聖人は仰《おお》せである。

「いよいよ強盛《ごうじょう》の信力《しんりき》をいた《致》し給《たま》へ」（御書一一四三ページ）
「弥法《いよいよほう》の道理《どうり》を聴聞《ちょうもん》して信心の歩《あゆみ》を運《はこ》ぶべし」（御書一四四〇ページ）
「いよいよ道心堅固《どうしんけんご》にして今度《こんど》・仏《ほとけ》になり給《たま》へ」（御書一一八四ページ）

明日へ、未来へと、命ある限《かぎ》り法を求め、自分を磨《みが》き、鍛《きた》え、挑戦《ちょうせん》していく。それが、仏法者《ぶっぽうしゃ》の生き方である。

（小説『新・人間革命』27巻「激闘」）

「求道《きゅうどう》の人」とは？

「求道《きゅうどう》の人」とは、どんな人なのでしょうか。
どうあるのが、「仏法《ぶっぽう》を求める」ことになるでしょうか。

前へ、前へと！

「月月《つきづき》・日日《ひび》につよ《強》り給《たま》へ」（御書一一九〇ページ）と仰《おお》せの如《ごと》く、前へ前へと進むことだ。〃進まざるは退転《たいてん》〃であるとは、仏《ほとけ》の遺言《ゆいごん》であるのだ。

本来、「退屈《たいくつ》」という言葉も、仏道《ぶつどう》を求める心が退《しりぞ》き、屈《くっ》する意味であった。〝もう疲《つか》れた、嫌《いや》になった〟と求道心《きゅうどうしん》が挫《くじ》けることであった。

一般的《いっぱんてき》にも、前向《まえむ》きな向上心《こうじょうしん》を失《うしな》って、価値《かち》のない、張《は》り合《あ》いのない一日一日の生活を送ることは、苦しく悲しいことである。（中略）

退屈《たいくつ》に流されず、自《みずか》らを、人のために！

自らを、正義《せいぎ》のために！

自らを、平和のために！

そして、自ら幸福への道を切り開いていく人が、人間として王者なのである。勝利者なのである。真実の指導者なのである。

（随筆　人間世紀の光　2005年9月29日　全集137巻）

「御本尊」「御書」を根本に

「心」には、生命に無上《むじょう》の尊極性《そんごくせい》を開く力《ちから》があります。一方で、無明《むみょう》につき動かされ堕落《だらく》するのも「心」です。したがって「心」の変革《へんかく》こそが一切の根幹《こんかん》となります。

その時に、凡夫《ぼんぷ》の揺《ゆ》れ動《うご》く自分の「心」を基準《きじゅん》にしては、三障四魔《さんしょうしま》の烈風《れっぷう》が吹く険《けわ》しき尾根《おね》を登ることはできません。絶対《ぜったい》に揺《ゆ》るがない成仏《じょうぶつ》の山頂《さんちょう》を見据《みす》えて、「心の師」を求め抜くしかありません。

それが「心の師とは・なるとも心を師とせざれ」（御書一〇八八㌻）との一節《いっせつ》です。

「心の師」――断固《だんこ》として揺《ゆ》れ動《うご》くことのない不動《ふどう》の根拠《こんきょ》とは「法」しかありません。したがって、「法」を悟《さと》り弘《ひろ》める仏《ほとけ》の説《と》き残した「経典《きょうてん》」が大事になります。私たちで言えば、「御本尊根本」「御書根本」の姿勢《しせい》が「心の師」を求めることになります。

そして、「法」と私たちを結《むす》びつけるのが、仏法実践《ぶっぽうじっせん》の「師匠」の存在《そんざい》です。自分中心の慢心《まんしん》ではなく、師弟不二《ふに》の求道《きゅうどう》の信心に生き抜くことが「心の師」を求める生き方にほかなりません。


（『勝利の経典「御書」に学ぶ』）

どんな苦境《くきょう》でも御本尊を求める

どんな苦境《くきょう》でも御本尊を忘《わす》れず、求めることです。子どもが〝お母さーん〟と求めゆくように、母親が子どもを抱《だ》きしめるように。素直《すなお》に、純真《じゅんしん》に仏《ほとけ》を求めれば、胸中《きょうちゅう》に崩《くず》れざる幸福の城が涌現《ゆげん》する。

（法華経 方便品・寿量品講義 全集35巻）

皆《みな》から学ぶ謙《けん》虚《きょ》な姿《し》勢《せい》で

「皆《みな》から学ぼう」という余裕《よゆう》をもっていただきたい。

〝あの人の信心は立派《りっぱ》だ。学ぼう〟〝あの人の家庭生活はすばらしい。学ぼう〟〝あの人の歩く姿《すがた》は健康的だ〟〝あの人のお化粧《けしょう》は、とてもうまい〟（爆笑）――だれからでも何か学ぶものがある。つねに学ぶ謙虚《けんきょ》さは、その人の大きさの表れである。

（中略）

リーダーは、立場が上になればなるほど、「皆《みな》から学ぼう」という姿勢《しせい》を強くもっていただきたい。

（「SGIアメリカ本部」開館記念勤行会　全集83巻）

「善《ぜん》知《ち》識《しき》」に触《ふ》れる

生命は微妙《びみょう》です。いかなる縁《えん》に触《ふ》れるかによって大きく変わります。

御書には、「春《はる》の時来《ときき》たりて風雨《ふうう》の縁《えん》に値《あ》いぬれば無心《むしん》の草木《そうもく》も皆悉《みなことごと》く萠《も》え出生《しゅっしょう》して華《はな》敷《さ》き栄《さか》えて世《よ》に値《あ》う気色《けしき》なり」（五七四ジペー）と説《と》かれます。

無心《むしん》に見える草木も、縁《えん》によって開花《かいか》し、結実《けつじつ》し、万物《ばんぶつ》を養育《よういく》する。人間の生命は、善知識《ぜんちしき》に会うことによって、仏性《ぶっしょう》が現《あらわ》れてくると示《しめ》されているのです。善知識とは〝仏道《ぶつどう》へ正しく導《みちび》く善友《ぜんゆう》〟のことです。自身が善知識を求めるとともに、多くの人々と仏縁《ぶつえん》を結《むす》んで、善知識となっていくことが、御書の精神に適《かな》った仏道修行《ぶつどうしゅぎょう》の正道《せいどう》です。

（『ジャズと仏法、そして人生を語る』）

行き詰《づ》まった時こそ〝いよいよ〟の心で

誰人《たれびと》の人生にも、また、どんな戦いにも、必ず「行き詰《づ》まり」を感じる時があります。

しかし、行き詰《づ》まった時こそ、自身の信心が試されているのであり、「勝負の時」にほかならない。

大事なことは、常《つね》に前進の方向へ一念《いちねん》を定《さだ》めることです。壁《かべ》を乗《の》り越《こ》える挑戦《ちょうせん》自体が、自身の境涯《きょうがい》を確実《かくじつ》に広げていく因《いん》となることは間違《まちが》いありません。戦えば必ず生命は変わります。宿命は絶対《ぜったい》に転換《てんかん》できる。

その意味でも、行き詰《づ》まった時こそが本当の勝負です。行き詰まりを打開する力《ちから》こそ、「いよいよ強盛《ごうじょう》」の信心です。

これは、社会にあっても変わりません。

（『勝利の経典「御書」に学ぶ』）

3――社会で実証《じっしょう》

「社会で実証《じっしょう》」を示す大切さ

厳《きび》しい現実社会のなかで、私たち学会員は常《つね》に呼《よ》び掛《か》け合っています。「勝利の実証《じっしょう》を示《しめ》そう」――そこには、どのような意味があるのでしょう。

人生に勝つため

仏法《ぶっぽう》は生活法である。社会にあって信頼《しんらい》を勝ち得、職場で勝利の実証《じっしょう》を打ち立てていくことが、そのまま人生の勝利へ、仏法の勝利へとつながっていくのだ。

（小説『新・人間革命』24巻「灯台」）

一人一人が〝時代の財《たから》〟と光る

「私たちは一人ひとりが〝時代の財《たから》〟であり、〝社会の宝石《ほうせき》〟ともいうべき存在《そんざい》なのであります。宝石ならば、その価値《かち》を発揮《はっき》していかなくてはなりません。

宝石《ほうせき》は光るものであります。したがって、人間性《にんげんせい》を輝《かがや》かせ、もって生まれた長所を光らせ、職場にあっても、地域社会でも、貴重《きちょう》な人材となっていただきたい。そして、それぞれが一生のうちで、世のため、人のため、法のために、なんらかの見事な成果を残していただきたいのであります」

（小説『新・人間革命』18巻「前進」）

仕事の勝利が仏法《ぶっぽう》を証明《しょうめい》する

日蓮大聖人は仰《おお》せである。

「御《お》みやづかい《ん仕官》を法華経《ほけきょう》とをぼしめせ、『一切世間《いっさいせけん》の治生産業《ちせいさんぎょう》は皆実相《みなじっそう》と相違背《あいいはい》せず』とは此《こ》れなり」（御書一二九五㌻）

妙法《みょうほう》の世界は、あまりにも大きい。日々の仕事も即《そく》、信心である。ゆえに仕事で勝っていくことが即、仏法《ぶっぽう》の勝負の証《あか》しとなる。

（8・24記念各部合同協議会　聖教新聞2008年8月26日付）

現証《げんしょう》に勝るものはない

「実証《じっしょう》」について、大聖人は「日蓮仏法《ぶっぽう》をこころみるに道理《どうり》と証文《しょうもん》とにはすぎず、又《また》道理証文よりも現証《げんしょう》にはすぎず」（御書一四六八ジペー）——日蓮が仏法の勝劣《しょうれつ》を判断《はんだん》するのに、道理と証文とにすぎるものはない。また、道理・証文よりも現証にすぎるものはない——と仰《おお》せである。

実践《じっせん》した人が幸福になったのか、不幸になったのか。人生に勝ったのか、負けたのか。その現実《げんじつ》の証拠《しょうこ》こそ、正しい法か、誤《あやま》った法なのかを判断《はんだん》する基準《きじゅん》となる。

（ブラジル最高会議　全集82巻）

どうすれば「実証《じっしょう》」を示《しめ》せるのか?

一口《ひとくち》に「実証《じっしょう》を示《しめ》す」といっても、それは並大抵《なみたいてい》のことではありません。では、「実証」を示すためには、どうすればいいのでしょう——。

信心は一人前《いちにんまえ》、仕事は三人前

（＝戸田）先生は常々《つねづね》言われていた。

「信心は一人前《いちにんまえ》、仕事は三人前頑張《がんば》るんだ」

それは、仕事に取り組む根本の姿勢《しせい》を、簡潔《かんけつ》に教えられた深き哲学《てつがく》でもあった。

「一人前《いちにんまえ》」の仕事でよしとすれば、自分に与《あた》えられた仕事だけをこなせばよいという無責任《むせきにん》な〝雇《やと》われ根性《こんじょう》〟になりかねない。先生は、それを厳《きび》しく戒《いまし》められたのだ。

大きな仕事を成《な》し遂《と》げるには、自分だけでなく、周囲《しゅうい》にも目を配《くば》り、皆《みな》の仕事がうまくいくように心を砕《くだ》くことが大切である。また、後輩《こうはい》も育て上げなければならない。

さらに全体観《ぜんたいかん》に立ち、未来を見すえ、仕事の革新《かくしん》、向上《こうじょう》に取り組むことも望《のぞ》まれる。

戸田先生は、その仕事への姿勢《しせい》を、「三人前」と表現《ひょうげん》されたのであった。

そして「信心は一人前《いちにんまえ》」とは、広宣流布をわが使命と定《さだ》め、決然《けつぜん》と「一人立つ」ことだと教えられた。

決定《けつじょう》した、この「一人前《いちにんまえ》」の信心があってこそ、「三人前」といえる堂々《どうどう》たる仕事を成《な》し遂《と》げ、職場に勝利の旗《はた》を打ち立てることができる。（随筆　人間世紀の光　2004年1月13日　全集135巻）

何より大事なのは「信用」

戸田先生は、何より大事なのが「信用」だと、鋭《するど》く指導《しどう》されていた。
それには、自分の為《な》すことに確信《かくしん》を持つのだ。惰性《だせい》と慢心《まんしん》を排《はい》し、何ものにも揺《ゆ》るがぬ自己《じこ》を確《かく》立《りつ》していくのだ、と。（中略）
真面目《まじめ》に信心を貫《つらぬ》いての努力は、全《すべ》てが人間革命の光となる。その戦いの中で、力強《ちからづよ》さも風格《ふうかく》も、そして信用も磨《みが》かれ輝《かがや》いていくことを忘《わす》れまい。
（『随筆　民衆凱歌の大行進』　2014年8月29日）

一遍《いっぺん》のあいさつから始める

戸田先生は、きちんとあいさつができない人間、朝、遅刻《ちこく》するような人間は出世《しゅっせ》できないと言われた。

上に立つ人間は、何事も人より率先《そっせん》して行《おこな》わなければならない。また、礼儀正《れいぎただ》しくなければ務《つと》まらない。

「おはようございます！」と元気にあいさつをする。「ありがとうございます！」と、すがすがしくお礼を言う。

一遍《いっぺん》のあいさつが、相手を感動させることがある。人の心を動かすのだ。

（信越最高協議会　聖教新聞２００６年８月29日付）

信心を根本に大誠実《だいせいじつ》に徹《てっ》する

優《すぐ》れた勇気や才能《さいのう》とともに、多くの欠点も持っていた、人間味あふれる（＝四条《しじょう》）金吾《きんご》が、何ゆえに仕事で勝利できたのか。

それは、信心根本に師匠の指導通《どお》り真《ま》っすぐ実践《じっせん》したからです。

とりわけ、金吾《きんご》は、どこまでも仕事に誠実《せいじつ》でした。

大聖人は、金吾《きんご》の所領加増《しょりょうかぞう》の報告《ほうこく》に対して、「陰徳《いんとく》あれば陽報《ようほう》あり」（御書一一七八ページ）と仰《おお》せになられ、「あなたが正直《しょうじき》な心で、主君《しゅくん》の後生《ごしょう》をお助けしたいと思う真心が強く、信心を貫《つらぬ》き通《とお》してきたので、このような功徳《くどく》を受けることができたのです」（同ページ、通解）と讃《たた》えられています。欠点がない人などいない。仕事で壁《かべ》にぶつからない人もいないでしょう。いじめや嫌《いや》がらせなどもあるかもしれない。

しかし、自分らしく、信心を根本に、大誠実《だいせいじつ》に徹《てっ》していけば、全《すべ》てを生かして、必ずいい方向に転《てん》じていくことができる。仕事で勝ち、信頼《しんらい》を広げることができる。これが、妙法《みょうほう》です。

（若き君へ　聖教新聞2012年5月24日付）

〝負《ま》けじ魂《だましい》〟の人となる

若《わか》き日、仕事に、学会活動に奔走《ほんそう》する中、御書で〝負《ま》けじ魂《だましい》〟という言葉を拝《はい》した新鮮《しんせん》な感動を私は思い起こす。

日蓮大聖人が「きわめて・まけじ《不負》だまし《魂》の人」（御書九八六ページ）と讃《たた》えられたその門下《もんか》は、四条《しじょう》金吾《きんご》である。

御文《ごもん》では、金吾《きんご》のことを「我《わ》がかたの事《こと》をば大事《だいじ》と申《もう》す人なり」（御書九八六ページ）と付記《ふき》されている。味方、同志を大切にし、守り抜くために、負《ま》けじ魂《だましい》で戦ってくれる勇者なり、と。

金吾《きんご》は、門下《もんか》の旗頭《はたがしら》として、決して負けるわけにはいかなかった。

「強盛《ごうじょう》の大信力《だいしんりき》をいだして法華宗《ほっけしゅう》の四条金吾《しじょうきんご》・四条金吾と鎌倉中《かまくらじゅう》の上下万人乃至《じょうげばんにんないし》日本国の一切衆生《いっさいしゅじょう》の口《くち》にうたはれ給《たま》へ」(御書一一一八ジペー)

この仰《おお》せ通《どお》りに、勝ち抜いてみせたのである。

学会精神も同じだ。

わが創価の負けじ魂《だましい》の友は、どんなに苦しい局面《きょくめん》にあっても、「信心即《そく》生活」「仏法《ぶっぽう》即社会」の法理《ほうり》に則《のっと》り、一歩も退《ひ》かず前進してきた。

「仏法《ぶっぽう》は勝負」である。

この信念で、断固《だんこ》として勝利の実証《じっしょう》を示《しめ》し切ってきた。これからも悪口罵詈《あっくめり》など弾《はじ》き飛《と》ばして、揺《ゆ》るぎない信頼《しんらい》を勝ち開いていくのだ。

(『随筆　民衆凱歌の大行進』２０１５年４月18日)

「なんとかなる」との甘《あま》えを排《はい》す

「職場にあって、第一人者になるためには、まず、信心をしているからなんとかなるだろうという考えを、徹底《てってい》して排《はい》していくことです。そうした考えは、『仕事を信心ととらえて頑張《がんば》りなさい』という大聖人の御指導に反する我見《がけん》であり、慢心《まんしん》の表れです。正しい信心とは、最高の良識《りょうしき》であることを銘記《めいき》していただきたい」

(小説『新・人間革命』24巻「灯台」)

「勝つ！」と決めて祈《いの》る

日蓮大聖人は、「仏法《ぶっぽう》は体《たい》のごとし世間《せけん》はかげのごとし体曲《まが》れば影《かげ》ななめなり」（御書九九二ジペー）と断言《だんげん》なされている。

人間は、世間《せけん》を離《はな》れて生きることはできない。しかし、世間に振《ふ》り回《まわ》され、翻弄《ほんろう》される人生は不幸だ。絶対《ぜったい》に強く賢《かしこ》くあらねばならない。

「体《たい》」とは、個人《こじん》でいえば「信心」である。

何があろうと、信心を奮《ふる》い起《お》こして、頭《こうべ》を上げ、胸《むね》を張《は》ることだ。

いかなる局面《きょくめん》にあっても、「絶対《ぜったい》に勝つ！」と決めて祈《いの》り切ることだ。

これこそ、最強無敵《さいきょうむてき》の「法華経《ほけきょう》の兵法《へいほう》」なのである。

（随筆　人間世紀の光　2005年7月2日　全集137巻）

「なくてはならない人」に

「（＝今の仕事が）好きだが、食べていけない」とか、「得《とく》だが、好きではない」とか。それが現実でしょう。また、自分が好きで、求め、夢《ゆめ》を描《えが》いていた職業《しょくぎょう》が、「自分に向いている職業」ではなかったということもある。

しかし、戸田先生は、まず、自分がいる場で「なくてはならない人」になれと言われた。自分の希望と違《ちが》っても、それを嘆《なげ》いているのではなく、その場で第一人者《だいいちにんしゃ》になれ、と。そうすれば、次の道が開ける。そして次もまた頑張《がんば》る。これを繰《く》り返《かえ》していけば、最後に必ず「好きで、得《とく》で、善《ぜん》の仕事」につけるのだと。そして、その時、振《ふ》り返《かえ》ってみれば、それまで自分がやってきた努力が、全部、その天職《てんしょく》のなかに生かされていることがわかるだろう。何ひとつムダはなかったことがわかるのだと。これが妙法《みょうほう》の偉大《いだい》な功徳《くどく》だよと教えられたのです。

（青春対話　全集64巻）

「実証《じっしょう》」を示《しめ》す上で大切なことは？

あらゆる苦難《くなん》を勝ち越《こ》えて、信心の実証《じっしょう》を示《しめ》す。この〝使命の戦い〟に臨《のぞ》む上で、大切なことは何でしょう。

祈《いの》って、祈って、勝つ

現実は厳《きび》しい。一番いけないのは無責任《むせきにん》です。「御本尊を拝《おが》んでいるから、なんとかなるだろう」というのは信心利用です。祈《いの》ったならば、全力をあげて、全身全霊《ぜんしんぜんれい》で、それを実現《じつげん》していくために戦うのが、まことの信心です。

社会で勝ち、「実証《じっしょう》」を示《しめ》してこそ、一家の勝利もあるし、広布の伸展《しんてん》もある。不可能《ふかのう》を可能にする信心で、「湿《しめ》れる木《き》より火《ひ》を出《いだ》し乾《かわ》ける土《つち》より水《みず》を儲《もう》けんが如《ごと》く強盛《ごうじょう》に」（御書一一三二ジペー）祈《いの》って、祈って、勝つのです。

（法華経の智慧　全集31巻）

朝の勤行・唱題こそ勝利の源泉《げんせん》

油断《ゆだん》や惰性《だせい》を排《はい》して、新鮮《しんせん》な活力《かつりょく》で一日の仕事に臨《のぞ》むことが、勝利への道だ。その源泉《げんせん》こそ、朝の朗々《ろうろう》たる勤行唱題である。

それは、今いる場所で、勇気と智慧《ちえ》、誠実《せいじつ》と忍耐《にんたい》を尽《つ》くして、「いなくてはならない人」との信《しん》頼《らい》を勝ち得ていく戦いだ。

（巻頭言　大白蓮華2008年2月号）

「何のための人生か」を忘《わす》れず

「仕事に力《ちから》を注《そそ》ぎ、職場の第一人者《だいいちにんしゃ》になることは大切です。しかし、なんのための人生かを忘《わす》れてはならない。それは、人びとと社会に貢献《こうけん》するためです。この世から不幸を追放《ついほう》し、万人《ばんにん》に幸福と平和をもたらす、広宣流布をなしゆくために、私たちの人生はある」

（小説『新・人間革命』16巻「入魂」）

どこまでも学会と共に

「〝会合に出たい。学会活動したい〟と思っても、仕事が多忙《たぼう》なために、十分に動けない時期もあるでしょう。しかし、〝忙《いそが》しいから仕方《しかた》がない〟と、心の中で、信心、学会活動を切《き》り捨《す》ててはならない。まして、それほど忙しくもないのに、活動に出ようとしないのは、わがままであり、敗北です。

どこまでも学会と共に生き、広宣流布をわが生涯《しょうがい》の目的と定《さだ》め、弘教《ぐきょう》し抜いていくというのが、学会員としての生き方の原点です」

（小説『新・人間革命』27巻「激闘」）

自分らしく、人のため、社会のために

妙法《みょうほう》の信心は、困難《こんなん》に立ち向かう勇気や、智慧《ちえ》や忍耐力《にんたいりょく》をもたらす本源《ほんげん》の力《ちから》です。ゆえに、信心を根本とした私たちの行動は、全《すべ》て妙法《みょうほう》の光明《こうみょう》に照《て》らされ、希望と幸福の方向へと価値創造《かちそうぞう》していけるのです。

どんな職場、どんな立場であっても、自分らしく、人のため、社会のために行動していく。そして、「あの人はさわやかだ」「あの人は信頼《しんらい》できる」「あの人は頼《たよ》りになる」と賞讃《しょうさん》されていく。こ

れでこそ、「信心即《そく》生活」「仏法《ぶっぽう》即社会」の姿《すがた》です。

（世界を照らす太陽の仏法　大白蓮華2015年12月号）

「冥《みょう》の照覧《しょうらん》」を信じきる

だれが見ていなくとも、私たちの一念《いちねん》・行動を、全宇宙《ぜんうちゅう》の諸天《しょてん》・諸仏《しょぶつ》が見守っている。御本仏《ごほんぶつ》日蓮大聖人が、すべて御覧《ごらん》になっている。これを「冥《みょう》の照覧《しょうらん》」というのです。

ゆえに信心は、他人に〝どう見えるか〟ではない。自分自身が〝どうあるか〟〝どう行動したか〟である。

目には見えない「一念《いちねん》」と「行動」が、長い間には必ず目に見える結果となって現《あらわ》れてくる。長い目で見れば、その人の真実は、自然のうちに明らかになっていく。裏表《うらおもて》のない人が最後に勝っていく。

（SGI春季研修会　全集82巻）

あとに続く後輩《こうはい》たちのために

わが誉《ほま》れの同志である壮年部よ、どうせ戦うなら、偉大《いだい》な目標に向かい、喜び勇んで戦おうではないか！

そして、あとに続く無数の若《わか》き後輩《こうはい》たちのために、威風《いふう》も堂々《どうどう》と、すべてを勝ち切ってみせようではないか！

信仰とは、自《みずか》ら選んだ最高の権利《けんり》であるからだ。

（随筆　人間世紀の光　2005年7月2日　全集137巻）

4――地域貢献《こうけん》

地域にすすんで関《かか》わる

地域のために――何ができるのかを考え、行動を起こしていく。
そこに、自身の境涯《きょうがい》の拡大もあるのです。

壮年が地域広布の総仕上《そうしあ》げを

（＝山本）伸一は、壮年部が地域に積極的《せっきょくてき》に関《かか》わり、活躍《かつやく》する時こそ、地域広布の総仕上《そうしあ》げの時代であると考えていた。

学会にあっては、草創《そうそう》の時代から、地域での活動の推進力《すいしんりょく》は、主に婦人であった。家事や育児などに追われながら、学会活動に励《はげ》むとともに、隣近所《となりきんじょ》のために心を尽《つ》くし、交流を重《かさ》ね、地域に信《しん》頼《らい》の基盤《きばん》を広げてきた。

しかし、二十一世紀には、いよいよ壮年部が、本格的《ほんかくてき》に地域へ躍《おど》り出《で》る時代が到来《とうらい》するのだ。壮年の力《ちから》で、学会の盤石《ばんじゃく》な組織を築《きず》き上《あ》げ、さらに、地域社会のかかえるさまざまな問題の解決《かいけつ》にも真《ま》っ向《こう》から取り組み、わが地域に人間共和の城《しろ》を築き上げていくのだ。

（小説『新・人間革命』第28巻「広宣譜」聖教新聞２０１４年12月11日付）

「地域」で頑張《がんば》った人が王者

地域・郷土《きょうど》を大切にし、自分の心魂《しんこん》に植《う》え付《つ》け、そこから離《はな》れない、忘《わす》れない。それが学会伝統《でんとう》の強さである。

「地域」である。どんなところでも、そこで頑張《がんば》った人が王者である。今いるその場で、仏《ほとけ》になるのである。（中略）

「地域」で勝つ人が、最《もっと》も人間らしい、人生の本当の勝利者だと思うが、どうだろうか。

（本部幹部会、壮年部幹部会　全集94巻）

「福徳《ふくとく》の地盤《じばん》」をつくる

職場も地域も学会の組織も、自分自身の大切な地盤《じばん》であり、修行《しゅぎょう》の場である。三世間《さんせけん》でいえば、「国土《こくど》世間」の「国土」にあたる。

この地盤《じばん》の上に、自分の使命を開花させ、人材を育てゆくのである。その場を「わが本国土《ほんこくど》」として、人間の連帯《れんたい》を広げ、永遠《えいえん》に輝《かがや》く広宣流布の歴史をつくっていくのである。

行《い》ったところ、行ったところで、がっちりと根を張《は》って、心血《しんけつ》を注《そそ》ぎ、揺《ゆ》るぎない地盤《じばん》をつくる人は強い。その人は自分自身の永遠《えいえん》の「福徳《ふくとく》の地盤」をつくっているのである。

（男子部幹部会、女子部幹部会　全集87巻）

皆《みな》が幸福の軌道《きどう》に

三世《さんぜ》の生命という鏡《かがみ》に照《て》らせば、自分が会い、仏縁《ぶつえん》を結《むす》んだ人々は皆《みな》、生々《しょうじょう》世々、自分の眷属《けんぞく》となっていく。面倒《めんどう》をみた人が皆、自分を守ってくれる諸天善神《しょてんぜんじん》と変わる。

たくさんの人の面倒《めんどう》をみた人は、必ず生々《しょうじょう》世々、大指導者《だいしどうしゃ》となっていく。自分だけでなく、その人々をも、幸福の軌道《きどう》へと導《みちび》くことができる。

また、広布のために歩き、行動した地域は、すべて自分自身の金剛不滅《こんごうふめつ》の幸福の地盤《じばん》となっていく。

（本部幹部会　全集89巻）

自《みずか》ら歩いた分だけ〝平和の地図〟は拡大《かくだい》

今、定年を迎《むか》えるなどして、昼間動ける壮年による「敢闘会《かんとうかい》（＝太陽会）」の皆様方が、地域の太陽・婦人部も目を見張《みは》る大活躍《かつやく》をされ、地域広布の大きい推進力《すいしんりょく》となっていると伺《うかが》った。（中略）

庶民《しょみん》の智慧《ちえ》ほど偉大《いだい》にして賢《かしこ》いものはない。学者よりも政治家よりも賢明《けんめい》だ。

新しい発想《はっそう》が、新しい力《ちから》を引き出す。（中略）

（＝初めて正確《せいかく》な日本地図を作った伊能忠敬《いのうただたか》について）

彼は、五十歳で江戸《えど》に出て測量技術《そくりょうぎじゅつ》を学び始めた。五十五歳の時、幕府《ばくふ》の許可《きょか》を得て、蝦夷地《えぞち》の測量に出発。以来、二十年もの歳月《さいげつ》を「大日本沿海輿地全図《えんかいよちぜんず》」の作製《さくせい》に捧《ささ》げていった。

真《しん》に偉大《いだい》な事業は五十代、六十代からが勝負だ。

学会が創立《そうりつ》された時、牧口先生は五十九歳。戸田先生が第二代会長に就任《しゅうにん》されたのは五十一歳であった。私が、名誉会長になったのも五十一歳の時である。

ともあれ、円熟《えんじゅく》の年齢《ねんれい》に至《いた》ってなお、いよいよ胸《むね》に燃《も》え続ける大情熱《だいじょうねつ》こそ、本物ではあるまいか。

壮年部が燃え立つならば、婦人部も、男女の青年部も、安心する。いな、全軍《ぜんぐん》が炎《ほのお》となって猛然《もうぜん》と奮《ふる》い立《た》つことは間違《まちが》いない。

伊能忠敬《いのうただたか》は、後半生《こうはんせい》のすべてを賭《か》けて、自身の夢《ゆめ》の完成のために、日本中を歩きに歩いた。その距離《きょり》は実に四千万歩ともいわれる。

広宣流布も行動で決まる。

自《みずか》ら動いた分だけ、歩いた分だけ、語った分だけ、わが地域の〝平和の地図〟は拡大《かくだい》する。祈《いの》りに祈り、心を砕《くだ》いた分だけ、〝幸福の地図〟は光を放《はな》っていくのだ。

（随筆　新・人間革命　２００３年３月13日　全集１３３巻）

「地域貢献《こうけん》」について

「信心即《そく》生活」「仏法《ぶっぽう》即社会」は、地域社会を離《はな》れてはあり得ません。私たち壮年部が〝わが地域〟で実証《じっしょう》を示《しめ》すために心しておくべきこととは――。

一人一人が「貢献《こうけん》の行動」を

かつては、定年後の生活を〝余生《よせい》〟ととらえる人が多かった。しかし、これからは、長年培《つちか》ってきた力《ちから》をもって、地域に、希望を、活力を与《あた》える〝与生《よせい》〟であらねばならない。仏法即《ぶっぽうそく》社会であり、地域広布即地域貢献《こうけん》である。一人ひとりが、地域のため、人びとのために、何ができるかを考え、果敢《かかん》に貢献の行動を起こしていくなかに、幸せの拡大《かくだい》があり、広宣流布の建《けん》設《せつ》もあるのだ。

日蓮大聖人は仰《おお》せである。

「一切衆生《いっさいしゅじょう》の異《い》の苦《く》を受くるは悉《ことごと》く是《こ》れ日蓮一人《いちにん》の苦なるべし」（御書七五八ジペー）

人びとが苦しむ問題があれば、それをわが苦ととらえ、その解決《かいけつ》のために奮闘《ふんとう》していくのが、仏《ぶっ》法者《ぼうしゃ》の生き方といえる。

壮年が、その使命を自覚《じかく》し、地域建設《けんせつ》の中核《ちゅうかく》となり、推進力《すいしんりょく》となっていってこそ、わが地域の建設も、繁栄《はんえい》も、勝利もある。

（小説『新・人間革命』28巻「広宣譜」 聖教新聞2014年12月11日付）

垣根《かきね》をつくらず、友情と連帯《れんたい》を

壮年は尋《たず》ねた。

「これから地域社会の建設《けんせつ》に取り組んでいくうえで、どういう努力が必要でしょうか」

伸一は言下《げんか》に答えた。

「一人ひとりの同志が、なんらかのかたちで、『自分は、こうやって地域のために貢献《こうけん》している』と言えるものをもつことです。

社会と学会の間に垣根《かきね》をつくるのではなく、信仰《しんこう》を原点として友情の翼《つばさ》を大きく広げ、新しい人間の連帯《れんたい》を地域につくり上げていくことです」

（小説『新・人間革命』17巻「本陣」）

自らが「模範《もはん》の存在《そんざい》」と光る

地域を大切に！　この思いは、壮年部や男子部も同じ。だが一般的《いっぱんてき》に、男性陣《じん》は、普段《ふだん》、地域でなじみが薄《うす》いようだ。

しかし実際《じっさい》には、行事の設営《せつえい》や、防火《ぼうか》・防犯《ぼうはん》のために近隣《きんりん》を回る夜警《やけい》など、男性に求められる役《やく》割《わり》も少なくない。

では、どうすれば、男性の地域参加を促進《そくしん》できるのか。

そこで大切なのが、地域貢献《こうけん》に励《はげ》む、身近《みぢか》な模範《もはん》の存在《そんざい》だ。「自分にもできるかも」「やってみたい」という前向きな気持ちにさせてくれる。

今、各地の壮年部や男子部の中には、そんな先駆《せんく》の姿《すがた》が光っている。

仕事もある。家庭も大事。学会活動も忙《いそが》しい。それでも「地域のために」と、自治会や青年会、PTAの役員など、推《お》されて地域役職に就《つ》き、奔走《ほんそう》している。近隣《きんりん》の清掃《せいそう》など、地道《じみち》な地域貢献《こうけん》に励《はげ》む友も多い。(中略)

地域に幸福と平和の花を！　その花々で世界を包《つつ》みたい——そこに恩師《おんし》の深き願いもあった。

(随筆　民衆凱歌の大行進　聖教新聞2015年2月13日付)

人に尽《つ》くしてこそ、自分の生命が開花

一月は、ガンジーの殉難《じゅんなん》の月である。(＝一九四八年一月三十日に逝去《せいきょ》)

凶弾《きょうだん》に倒《たお》れる直前、ガンジーが心をくだいていたことは何であったか――。

それは、政治的独立《どくりつ》を獲得《かくとく》した今、さらに社会的・道徳的《どうとくてき》・経済的《けいざいてき》な独立を達成《たっせい》するためには、もっと地域に根差《ねざ》し、民衆《みんしゅう》に奉仕《ほうし》する組織《そしき》をつくらねばならない、ということであった。

そして、「リーダーは、それぞれの地域内のすべての人々と個人的《こじんてき》な接触《せっしょく》をもつように！」等と、率先《そっせん》しての地域貢献《こうけん》の行動をうながしたのである。

これがガンジーの遺言《ゆいごん》の一つとなった。

地域への貢献《こうけん》――まさに学会が長年、取り組んできた運動である。その〝ホシ〟は、「地域のすべての人々と個人的な接触《せっしょく》をもつ」ことである。

（＝国立デリー大学の）メータ副総長も、次のように論《ろん》じておられる。

「精神性《せいしんせい》に富《と》んだ人生とは、社会から隔離《かくり》された所や、ヒマラヤの洞窟《どうくつ》での生活にあるのではない。それは、社会の発展《はってん》の過程《かてい》に誠実《せいじつ》に参加していくなかにある。他者への献身《けんしん》を通してのみ、われわれは本来の自分になれるのである」

人に尽《つ》くしてこそ、自分の生命が開花《かいか》する。この意味からも、学会活動は、もっとも正しい、最《さい》先端《せんたん》の民衆運動であると確信《かくしん》していただきたい。

（本部幹部会　1999年1月7日　全集90巻）

地域に友好の輪《わ》を

地域にあって人々が絆《きずな》を結《むす》んでいくことは社会的にも大きな課題《かだい》となっています。私たち学会員は、常《つね》に地域を舞台《ぶたい》に友情と信頼《しんらい》を広げてきました。

地域で慕《した》われる「人格者」に

「仏法即社会《ぶっぽうそくしゃかい》」であり、「信心即生活」であり、そして「広布即地域貢献《こうけん》」である。ゆえに「地域」に根を張《は》り、「地域」に友好を広げていくことが、どれほど大切か。どれほど尊《とうと》いか。

それは、組織上の役職がどうかではない。一人の人間として、地道《じみち》で、誠実な、粘《ねば》り強《づよ》い行動を積《つ》み重《かさ》ねていく以外にない。そうした人知れぬ労苦も、日蓮大聖人は、すべてお見通《みとお》しなのである。

流罪《るざい》の地・佐渡《さど》にあって、多くの悪人の迫害《はくがい》から大聖人をどうお守りできたのか。じつは、そこには、地域で慕《した》われる一人の力《ちから》ある人格者の存在があった。

その名は、中興《なかおき》の次郎入道《にゅうどう》である。同じ佐渡の門下でも、阿仏房《あぶつぼう》や最蓮房《さいれんぼう》は、ご存じの方も多いと思うが、中興入道の名は知らないという人がいるかもしれない。大聖人にお会いしたときには、すでにかなり高齢《こうれい》であったようで、今で言えば「多宝会《たほうかい》」の方である。

御書には、こう仰《おお》せである。

「上《かみ》ににく《憎》まれたる上・万民も父母のかたきのやうに・おもひたれば・道にても・又《また》国にても・若《も》しはころすか若しはかつえし《餓死》ぬるかに・ならんずらんと・あてがはれて有りしに、法華経《ほけきょう》・十羅《じゅうら》刹《せつ》の御《おん》めぐみ《恵》にやありけん、或は天とが《失》なきよしを御《ご》らんずるにや・ありけん、島にて・あだむ者は多かりしかども中興《なかおき》の次郎入道《にゅうどう》と申せし老人ありき、彼《か》の人は年ふりたる上《うえ》心かしこく身もたの《楽》しくて国の人にも人と・をもはれたりし人の・此《こ》の御房《ごぼう》は・ゆへある人にやと申《もう》しけるかのゆへに・子息《しそく》等もいた《甚》うもにく《憎》まず、其《そ》の已下《いげ》の者ども・たいし《大旨》彼等の人人の下人《げにん》にてありしかば内内あやまつ事もなく」（一三三三ページ）

——（私＝大聖人は）権力者から憎《にく》まれているうえ、あらゆる人たちが父母の仇《かたき》のように思っている。だから、佐渡への道中《どうちゅう》でも、また佐渡《さど》の国においても、殺されるか、餓死《がし》するかであろう、ということで、流罪《るざい》されたのである。

ところが、法華経《ほけきょう》・十羅刹女《じゅうらせつにょ》のご加護《かご》によるものであろうか。あるいは天が、日蓮にまったく罪《つみ》がないことを、ご覧《らん》になっていたからであろうか。島にも日蓮を憎《にく》む者は多かったけれども、中興《なかおき》の次郎入道《にゅうどう》という老年の人がいた。この人は、年配者《ねんぱいしゃ》であるうえに、心は賢《かしこ》く、豊《ゆた》かな身で、佐渡《さど》の人々からも人格者として尊敬されている人であった。この人が、「日蓮というお方は、何かいわれのある、立派な人にちがいない」と言ったからであろうか。その子息《しそく》なども、日蓮をひどく憎むことはなかった。

また、それ以下の者たちも、だいたいは、中興《なかおき》一族に仕《つか》える人であったから、内々では日蓮に害《がい》を加えることもなかった――と。

信用が大事である。たとえ「一人」であっても、その人に「信用」があれば、いざという時に大勢の人が従い、すべての局面が劇的に変わっていく。勇気ある声の力《ちから》で、障魔《しょうま》を押し返していくこともできる。

（中略）

皆《みな》さまもまた、「あの人がいれば、いくら風のざわめきがあったとしても、雄渾《ゆうこん》なる勇気がわいてくる」と、わが同志から思われる存在であっていただきたい。そして、広布の組織で光るとともに、その福徳の光で社会を大きく包み、照らしていく「魅力《みりょく》ある人間王者」となっていただきたい。

（九州・沖縄合同会議　1998年3月3日　全集88巻）

気持ちのよいあいさつを

「おはようございます！」「こんにちは！」と、さわやかに声をかける。明るくはつらつと接《せっ》する。それだけで声をかけられた人はうれしい。信頼《しんらい》関係も築《きず》かれる。

気持ちのよい「あいさつ」――私自身、近所でも、職場でも、また学会活動の中でも、きちんとあいさつをしようと決めて、実践《じっせん》してきました。

大田区山王《おおたくさんのう》のアパート「秀山荘《しゅうざんそう》」に引《ひ》っ越《こ》した時も、「このたび越してまいりました池田です」「今後ともお世話になりますが、どうかよろしくお願い致《いた》します」と名刺《めいし》を持って、近所へごあいさつに回りました。

多くの来客がありましたので、近隣《きんりん》の迷惑《めいわく》にならないよう配慮《はいりょ》しました。妻がよく、気を配《くば》ってくれました。そうして結《むす》んだご近所との信頼《しんらい》関係は、貴重《きちょう》な人生の財産《ざいさん》となりました。

友好拡大《かくだい》といっても、広宣流布といっても、すべて足もとから始まります。また、近隣《きんりん》の方々との交流というのは、自分の心を豊《ゆた》かにしてくれる。生活に温かみが出てくるし、何ともいえない安心感も生まれる。

（若き君へ　聖教新聞2012年3月29日付）

自分のほうから先に話しかける

ある仏典《ぶってん》は、釈尊《しゃくそん》の人となりを、「実《じつ》に〈さあ来なさい〉〈よく来たね〉と語る人であり、親《した》しみあることばを語り、喜びをもって接《せっ》し、しかめ面《つら》をしないで、顔色《がんしょく》はればれとし、自分のほうから先に話しかける人」(『ゴータマ・ブッダ』1、『中村元選集〔決定版〕』12所収、春秋社)であった、と伝えている。

「何しに来たのか」と渋面《じゅうめん》を向けたり、冷たい、威張《いば》った態度《たいど》はとらなかった。その身に威厳《いげん》を具《そな》えながら、親《した》しみやすいオープンな雰囲気《ふんいき》があったのである。

だから、農民も、商人も、家庭の主婦も、知識人《ちしきじん》も、貴族《きぞく》も、国王も皆《みな》、釈尊《しゃくそん》と会いたがった。悩《なや》みごとの相談にせよ、敵愾心《てきがいしん》を抱《いだ》いての論難《ろんなん》にせよ、誰《だれ》もが会って話をしたくて仕方《しかた》がなかった。

(随筆　新・人間革命　2002年3月8日　全集132巻)

地域社会が求める「人びとを結《むす》びつける力《ちから》」

世界各地でも、近年、自然災害《さいがい》の脅威《きょうい》は増加《ぞうか》している。そんな中、災害等への地域社会の抵抗力《ていこうりょく》・回復力《かいふくりょく》——すなわち、「レジリエンス」を高めていこうとする動きが活発化《かっぱつか》している。

最近の研究では、「レジリエンス」が強いとされる地域コミュニティーの共通点《きょうつうてん》の一つとして、ある重要な力《ちから》を持ったリーダーの存在《そんざい》が認《みと》められている。

その力《ちから》とは、「人びとを結《むす》びつける力」という。政治的、経済的、社会的な立場の異《こと》なる様々《さまざま》な人びととの間に協力関係を築《きず》き、相互《そうご》の交流を橋渡《はしわた》しする能力《のうりょく》である。

いわゆる剛腕《ごうわん》でもない。一人で全《すべ》ての決断を下《くだ》し、采配《さいはい》を振《ふ》るうタイプでもない。多種多様《たしゅたよう》な人びとが互《たが》いに理解し合うために、その〝橋渡《はしわた》し〟を務《つと》められる「通訳型《つうやくがた》リーダー」ともいうべき存在《そんざい》なのだ。

わが友である、ブラジルの大音楽家アマラウ・ビエイラ氏は、東日本大震災に屈《くっ》しない東北の方々を讃《たた》えておられた。

「人と人の間に生まれた最強の連帯感《れんたいかん》と、同苦《どうく》と助け合いの心は、全人類の称賛《しょうさん》に値《あたい》するものであります」と。

（中略）

思うに、今ほど地域社会に対話の場が求められている時代はない。

（随筆　民衆凱歌の大行進　聖教新聞2014年10月28日付）

ともに希望の道を——そこに人生の喜びと価値《かち》は光る

わが身をいとわぬ創価学会の地域貢献《こうけん》活動。その尊《とうと》き事実に接《せっ》して、心ある識者《しきしゃ》の方々はたいへんに感嘆《かんたん》されていた。阪神《はんしん》・淡路大震災《あわじだいしんさい》にさいしての学会員の献身的《けんしんてき》な救援《きゅうえん》活動に対しても、四国の高名《こうめい》な学者が、次のような声を寄《よ》せてくださった。

「日ごろから人々の幸せのため『利他《りた》』に根差《ねざ》した宗教行動の膨大《ぼうだい》な積《つ》み重《かさ》ねがあったからこそ、いざという時に、あの献身的《けんしんてき》なボランティア活動ができたのだと思っています」

「創価学会員は、『だれかが助けてくれるだろう』『だれかが助けにいくだろう』と思わず、『自分が自分を助ける』『自分が助けにいく』という精神なのです。創価学会員は一人立つ人間だからこそ、一人を大切にできる人たちなのです」

自分のためだけではない。人のために生きる。人のために尽《つ》くし、ともに希望の道を進んでいく——そこにこそ、人生の喜びと価値《かち》は光る。

（全国総県長会議　２００４年10月8日　全集97巻）

5――健康・長寿《ちょうじゅ》

真の「健康・長寿《ちょうじゅ》」とは？

「健康」とは、そして「長寿《ちょうじゅ》」とは何を意味するのでしょうか？
病気にならないことだけでしょうか？　長生きすることだけでしょうか？

つねに「さあ、これからだ」

人生の年輪《ねんりん》を重《かさ》ねるごとに、心がいよいよ若《わか》さを増《ま》していく。つねに「さあ、これからだ」と力《ちから》強《づよ》く前進する。

これが真の「健康」です。本当の「長寿《ちょうじゅ》」です。広宣流布のために生きぬこうという人は、必ずそうなれるのです。そのための信心です。

（法華経の智慧　全集30巻）

人のために戦い続ける一念

「健康」とは何か。その結論《けつろん》は「菩薩《ぼさつ》の生命」です。人のために戦い続ける一念《いちねん》——それが真《しん》の「健康」だと私は思う。ただ〝健康食品〟を食べ、自分のことだけ考えて、安楽《あんらく》な暮《く》らしを願う——それが健康だとは思わない。

「健康」を象徴《しょうちょう》する薬王《やくおう》（＝菩薩《ぼさつ》）は、信念に「殉教《じゅんきょう》」した菩薩であった。「戦う生命」それが「健康な生命」です。

（法華経の智慧　全集31巻）

人びとに尽《つ》くすための寿命《じゅみょう》

御書には、法華経《ほけきょう》を引かれて、「長寿《ちょうじゅ》を以《もっ》て衆生《しゅじょう》を度《ど》せん」（六五七ジペー）とある。

「長寿《ちょうじゅ》」とは、根本的には、法華経《ほけきょう》の如来寿量品《にょらいじゅりょうほん》で明かされた「如来の長遠《ちょうおん》の寿命《じゅみょう》」のことである。法華経を行《ぎょう》ずる人には、わが胸中《きょうちゅう》に「永遠《えいえん》なる仏《ほとけ》の生命」がわいてくる。

「更賜寿命《きょうしじゅみょう》（更《さら》に寿命を賜《たま》う）」といって、生命力が強くなり、寿命を延《の》ばすこともできる。

しかも、菩薩《ぼさつ》は、自分のためだけに長生きしようとするのではない。みずからの経験《けいけん》や、慈悲《じひ》と一体の知恵《ちえ》を生かして、いよいよ人々に存分《ぞんぶん》に尽《つ》くすために、長生きしようというのである。微妙《びみょう》にして、しかも重大な一念《いちねん》の違《ちが》いである。

（全国代表研修会　全集87巻）

「どう生きたか」「何をしたか」

御聖訓《ごせいくん》に「人久《ひとひさ》しといえども百年には過《すぎ》ず」（御書一三八六ページ）とあったが、その通りです。「ここにいる人は、百年たったら皆《みな》いなくなるんだよ」と、戸田先生もよくおっしゃっていた。

この世は「一睡《いっすい》の夢《ゆめ》」です。長命《ちょうめい》だ、短命《たんめい》だと言っても、永遠《えいえん》から見れば、なんの差もない。寿《じゅ》命《みょう》の長短《ちょうたん》ではありません。どう生きたかです。何をしたかです。どう自分の境涯《きょうがい》を変えたのか。どれだけ人々を幸福にしたのか、です。

今世《こんぜ》で仏《ほとけ》の境涯《きょうがい》を開き、固《かた》めた人は、それが永遠《えいえん》に続く。この一生で「永遠」が決まるのです。それが一生成仏《いっしょうじょうぶつ》です。

（法華経の智慧　全集30巻）

「尊《とうと》い一日」を積《つ》み重《かさ》ねること

（＝日蓮）大聖人は「一日《いちにち》の命《いのち》は三千界《さんぜんかい》の財《たから》にもすぎて候《そうろう》なり」（御書九八六㌻）――一日の命は、三千世界《さんぜんせかい》（宇宙《うちゅう》）の全財宝《ぜんざいほう》よりも尊《とうと》いものである――と仰《おお》せである。

「一日、生きる」、その生命は、あらゆる財宝《ざいほう》を集めたよりも尊貴《そんき》である、と。

きょうの「一日」が大切である。私も、一日一日を大切に、会員の方々のために尽《つ》くして生きようと決めている。これが私の信条《しんじょう》である。

さらに「法華経《ほけきょう》にあわせ給《たま》いぬ一日《いちにち》もいき《活》てをはせば功徳《くどく》つもるべし、あらをし《惜》の命や・をしの命や」（御書九八六㌻）――法華経に巡《めぐ》りあわれたのだから、一日生きておられればその分、功徳が積《つ》もるのである。なんと大事な命であろう。大事な命であろう――と。

皆《みな》さま方《がた》は、使命ある大事な生命である。外見は世間の人と同じように見えたとしても、広布に生きる学会員の「一日」は、その〝生命時間〟から見れば、永遠《えいえん》に通じる尊《とうと》い一日なのである。

どうか「きょうも楽しかった、勝った」「きょうも悔《く》いがなかった」「充実《じゅうじつ》の歴史をつくった」といえる一日一日を、ていねいに積《つ》み重《かさ》ねていただきたい。

（壮年部幹部会　全集81巻）

「妙法《みょうほう》の証明者《しょうめいしゃ》」として生きぬく中に

自《みずか》らの「声」で、「姿《すがた》」で妙法《みょうほう》を証明《しょうめい》する。これが多宝如来《たほうにょらい》です。学会で言えば「多宝会」の皆《みな》さまが、その代表になるでしょう。

（中略）

（多宝会《たほうかい》の皆《みな》さまは）「妙法《みょうほう》の証明者《しょうめいしゃ》」として尊《とうと》い使命に生きぬいてこられた。文字通《もじどお》り、お一人お一人が学会の「宝《たから》」であり、広宣流布の「宝」であり、社会の「宝」です。うんと長生きをしていただきたい。皆さまが長生きした分だけ、広宣流布の勝利です。

（法華経の智慧　全集29巻）

「健康・長寿《ちょうじゅ》」のために

どうすれば「健康」でいられるのでしょうか？　そして「長寿《ちょうじゅ》」のためには――。

楽観《らっかん》主義《しゅぎ》の人に

何が起こっても、それを楽しんでいく。いい方向、楽しい方向へ、前向きの方向へと受けとめていく。それが楽観主義《らっかんしゅぎ》であり、その究極《きゅうきょく》が信仰《しんこう》である。

たとえば病気になっても、「ああ、いい休養ができる」（笑い）、「ゆっくり三世永遠《さんぜえいえん》のことまで思索《しさく》しよう。いいチャンスだ」と。そして希望をもって「こんな病気に負けてたまるか！　絶対《ぜったい》に生きぬいてみせる！」と、病魔《びょうま》を打《う》ち破《やぶ》っていく。

このように、楽観主義《らっかんしゅぎ》の人は強い。いい方向へ、いい方向へと自分でとらえ、自分で「そうなる」「そうなってみせる」と決めることである。

（カナダSGIバンクーバー総会　全集83巻）

広布のため同志と共に

たとえ病弱《びょうじゃく》であっても、広布のために働こう、同志とともに戦おうとの強い一念《いちねん》があれば、限《かぎ》りなく生命力がわいてくる。心身ともに、健康の方へ向かっていくことは、間違《まちが》いない。

（海外代表協議会　全集95巻）

真剣《しんけん》に祈《いの》ること

どうしたら健康で、生き生きとした人生を歩《あゆ》んでいけるか。

さまざまな智慧《ちえ》や工夫《くふう》は必要である。しかし、根本は信心である。題目である。朗々《ろうろう》と題目をあげ、真剣《しんけん》に祈《いの》ることだ。

悩《なや》んでいる人、落《お》ち込《こ》んでいる人には、どんどん励《はげ》ましの言葉を送っていただきたい。

（各部合同研修会　全集98巻）

自《みずか》ら勇《いさ》んで活動していく

「仏法《ぶっぽう》は道理《どうり》だから、休養も大切だ。しかし、学会活動をやり抜いた疲労《ひろう》は、心地《ここち》よい、さわやかな疲労であり、すぐに疲《つか》れも取れる。

しかし、同じように学会活動をしているように見えても、疲労《ひろう》が溜《た》まる一方の場合もある。それは、受け身の場合だね。心のどこかに、言われたから仕方《しかた》なくやっているという気持ちがあれば、歓喜《かんき》もないし、元気も出てきません。

元気になるには、自《みずか》ら勇《いさ》んで活動していくことが大事だ。そして、自分の具体的な目標を決めて挑戦《ちょうせん》していくことだ。目標をもって力《ちから》を尽《つ》くし、それが達成できれば喜びも大きい。

また、学会活動のすばらしさは、同志のため、人びとのためという、慈悲《じひ》の行動であることだ。それが、自分を強くしていく」

（小説『新・人間革命』第６巻「波浪」）

「よく眠る」「活字《かつじ》を読むこと」

人生も広宣流布も長期戦である。長い旅路《たびじ》である。無理は長続きしない。「よく眠《ねむ》る」ことは何よりの薬である。疲《つか》れをためてはいけない。

とくに夜中の飲食はひかえるべきである。肥満《ひまん》の原因《げんいん》ともなる。また、お酒を飲むことは自由であるが、絶対《ぜったい》に飲みすぎはいけない。

もう一つ「新聞など活字《かつじ》を読むこと」を加《くわ》えておきたい。新聞をはじめ「活字」「文章」をよく読む人はボケないようである。

新聞は開いても、見るのは大きい見出しだけ（爆笑）。それも幹部《かんぶ》のほうが読まないようだ。（笑い）

幹部《かんぶ》になって、活字《かつじ》は読まない、車には乗せてもらう、夜食はする、寝不足《ねぶそく》を続ける――これでは、まるで体を悪くするために信心しているかのようである（爆笑）。それでは転倒《てんとう》である。

（九州総会　全集82巻）

工夫《くふう》して健康管理《かんり》

他の人以上に、仕事や家事、活動と忙《いそが》しく働いているのだから、疲《つか》れて当然である。一生懸命《いっしょうけんめい》の人ほど、疲れも大きいであろう。

ゆえに自分自身で注意し、自分自身で工夫《くふう》して、健康を守り、より健康の方向へ、より健康の方向へと、心身をコントロールしていくことである。

疲《つか》れたら休む。具合《ぐあい》が悪ければ、すぐに病院へ行く。当然の道理《どうり》である。病気を治《なお》すのは医学の使命であり、信心はその医学を使いこなしていく、根本の生命力を強めるのである。また、いつも申《もう》し上《あ》げているように、勤行も、心身ともに健康で、すがすがしく生きぬいていくための修行《しゅぎょう》である。その勤行で疲《つか》れを増《ま》していたのでは何のための実践《じっせん》かわからない（笑い）。信心はあくまで強く、そのうえで、自分自身で賢明《けんめい》な価値判断《かちはんだん》をすることである。

（カナダSGIモントリオール総会　全集83巻）

「病《やまい》」と闘《たたか》う友に――

健康と病気は、本来、一体《いったい》

「現代人は、みんな〝半《はん》健康〟であるといわれるぐらい、なんらかの病気をかかえているし、年《ねん》齢《れい》とともに、体も弱っていきます。

では、病気だから不幸なのか。決して、そうではない。病《やまい》に負けて、希望を失《うしな》ってしまうから不幸なんです。広布の使命を忘《わす》れてしまうから不幸なんです。

体は健康でも、精神が不健康で、不幸な人は、たくさんいます。反対に、病気をかかえたり、体が不自由であっても、自《みずか》らも幸福を満喫《まんきつ》し、人をも幸福にしている同志もいる。

生命の根源《こんげん》においては、健康と病気は、本来、一体《いったい》であり、〝健病不二《けんびょうふに》〟なんです。ある時は、健康な状態《じょうたい》として現《あらわ》れることもあれば、ある時は病気の状態となって現れることもある。この両者は、互《たが》いに関連し合っているがゆえに、信心に励《はげ》み、病気と闘《たたか》うことによって、心身ともに、真実の健康を確立《かくりつ》していくことができるんです」


（小説『新・人間革命』10巻「桂冠」）

敗北ではない。信心が弱いからでもない

病気になることは、決して敗北などではない。信心が弱いからでもない。広宣流布に生き抜く中で起きた病気という苦難《くなん》は、成仏《じょうぶつ》を阻《はば》もうとする魔《ま》の働きである。ゆえに、怯《ひる》んではならない。

勇敢《ゆうかん》に立ち向かって、一生成仏《いっしょうじょうぶつ》を勝ち開いていく勇気を教えられているのです。


（若き君へ　聖教新聞2012年7月26日付）

生命力が病気を治《なお》す根本の力《ちから》に

戸田先生は「医者に行って、どんなボロ医者でも、こっちの薬王《やくおう》（＝菩薩《ぼさつ》）が働いていますから、医者が自然にいい治療《ちりょう》をせざるをえなくなるのです」と言われていた。

医者を選ばなくてよいということではなくて、「病気を治《なお》すのは自分自身」だということです。なかんずく自分自身の「生命力」「自然治癒力《ちゆりょく》」が病気を治す根本の力《ちから》です。医者は、それを手伝《てつだ》うだけです。

（法華経の智慧　全集31巻）

「いかなる病《やまい》さはりをなすべきや」

「南無妙法蓮華経は師子吼《ししく》の如《ごと》し・いかなる病《やまい》さはり《障》をなすべきや」（御書一一二四ジペー）です。

あらゆる病苦《びょうく》を打開《だかい》する根源《こんげん》の力《ちから》が、妙法《みょうほう》にはある。妙法は最強の「生命の大良薬」です。戸田先生もよく「人間の体は一大製薬《いちだいせいやく》工場だ」と言われていました。

今、受けている治療《ちりょう》が最高の効果《こうか》を発揮《はっき》していくよう、全身に仏《ほとけ》の大生命力を現《あらわ》して病魔《びょうま》を打《う》ち破《やぶ》っていくよう、祈《いの》り抜き、祈り切ることです。信心を根本に戦っていくならば、必ず一切を変毒《へんどく》為薬《いやく》できます。

（若き君へ　聖教新聞2012年7月26日付）

報恩《ほうおん》の信心で

戸田先生は、病気の人の話を聞くと、その晩《ばん》、その人の夢《ゆめ》を見ることがあるくらい、一緒《いっしょ》に苦しんであげていた。そのうえで、本気で信心しないで功徳《くどく》だけ欲《ほ》しがったり、少しでも良くなったのに「まだ全快《ぜんかい》しない」と愚痴《ぐち》を言うような人には、厳《きび》しく信心の姿勢《しせい》を正しておられた。

「形式《けいしき》ではなく、命を打《う》ち込《こ》んで、御本尊にすがりつくのです。命を御本尊に差し上げるくらいの、本当の決意をもった題目ならば、治《なお》らないわけがありません」

（中略）

「少しでも良くなったならば、心から感謝《かんしゃ》することです。それなのに、まだ悪いところがある、まだ良くならないと、まるで御本尊様に貸《か》しでもあるように考えているのではないですか。それではだめです。不知恩《ふちおん》の行動に出ると、治《なお》ったものまで悪くなります。少しでも良くなったことを深く感謝して、感謝に満《み》ちみちて信心をしなさい！（中略）」

まさに、薬王菩薩《やくおうぼさつ》の「報恩《ほうおん》」の信心を教えられたのです。この信心に立ったときに、己心《こしん》の「薬王菩薩」が意気《いき》さかんに活動を始めるのです。自分の全細胞《ぜんさいぼう》を一新《いっしん》させるくらいの決意で祈《いの》るのです。六十兆の全細胞一つ一つの薬王菩薩をたたき起こして、発動《はつどう》させるのです。私だって、三十歳までしか生きられないといわれた体で、ここまで働いて、ここまで長寿《ちょうじゅ》を勝ち取った。

（法華経の智慧　全集31巻）

幸福になり、勝利するための試練《しれん》

御聖訓《ごせいくん》には「この病《やまい》は仏《ほとけ》のお計《はか》らいだろうか。そのわけは、浄名経《じょうみょうきょう》、涅槃《ねはん》経には病がある人は仏になると説《と》かれている。病によって仏道《ぶつどう》を求める心は起こるものである」（御書一四八〇ジペー、通解）と御断言《ごだんげん》です。

病気という苦難《くなん》を糧《かて》にして、自分の信心を強め、境涯《きょうがい》を深め広げていくことができるのです。

病気との闘《たたか》いは、妙法《みょうほう》に照らして、永遠《えいえん》の次元《じげん》から見れば、すべてが幸福になり、勝利するための試練《しれん》です。病気だから、不健康なのではありません。他人や社会から決められるものでもない。健康は、何があっても負けない自分自身の前向きな生き方の中にこそあるのです。

（若き君へ　聖教新聞2012年7月26日付）

「宿命《しゅくめい》を使命に変えるのです」

戸田先生も、「初めから立派過《りっぱす》ぎたのでは人々の中に入っていけないから、われわれは仏法《ぶっぽう》を弘《ひろ》めるためにわざわざ貧乏《びんぼう》や病気の姿《すがた》をとって生まれてきたんだよ」「人生は芝居《しばい》に出ているようなものだよ」と、しばしば言われていた。

（中略）

自分の苦しみを「業《ごう》」ととらえるだけでは、後ろ向きになる。それを、あえて「使命のために引き受けた悩《なや》みなのだ」「これを信心で克服《こくふく》することを自分が誓願《せいがん》したのだ」と、とらえるのです。

願兼於業《がんけんおごう》は、この「一念《いちねん》の転換《てんかん》」を教えている。宿命《しゅくめい》を使命に変えるのです。自分の立てた誓願《せいがん》ゆえの悩《なや》みであるならば、絶対《ぜったい》に乗《の》り越《こ》えられないはずがない。

（法華経の智慧　全集29巻）

6——黄《おう》金《ごん》柱《ばしら》

広宣流布の「黄《おう》金《ごん》柱《ばしら》」とは？

「わが戦友の壮年部よ！」——池田SGI会長は、そう呼《よ》び掛《か》け、つづりました。

「何があろうが、厳然《げんぜん》と庶民《しょみん》を愛し、護《まも》り、輝《かがや》かせゆく『黄金柱《おうごんばしら》』たれ！」

師と共に立ち上がる

「壮年部の皆《みな》さんは、これからが、人生の総仕上《そうしあ》げの時代です。

壮年には力《ちから》がある。それをすべて、広宣流布のために生かしていくんです。

大聖人は『かり《仮》にも法華経《ほけきょう》のゆへに命《いのち》をすてよ、つゆ《露》を大海《たいかい》にあつらへ・ちり《塵》を大地《だいち》にうづ《埋》むとをもへ』（御書一五六一ページ）と仰《おお》せです。

死は一定《いちじょう》です。それならば、その命を、生命の永遠《えいえん》の大法《だいほう》である、法華経《ほけきょう》のために捨《す》てなさい。

つまり、広宣流布のために使っていきなさい――と、大聖人は言われている。

それこそが、露《つゆ》を大海に入れ、塵《ちり》を大地に埋《うず》めるように、自《みずか》らが、妙法《みょうほう》という大宇宙《だいうちゅう》の生命に融《ゆう》合《ごう》し、永遠《えいえん》の生命を生きることになるからです。

一生は早い。しかも、元気に動き回れる時代は、限《かぎ》られています。壮年になれば、人生は、あっという間に過《す》ぎていきます。

その壮年が、今、立たずして、いつ立ち上がるんですか！　今、戦わずして、いつ戦うんですか！　いったい、何十年後に立ち上がるというんですか。そのころには、どうなっているか、わからないではありませんか。

今が黄金《おうごん》の時なんです。限《かぎ》りある命の時間ではないですか。悔《く》いを残すようなことをさせたくないから、私は言うんです！」（中略）

「牧口先生が信心を始められたのは五十七歳です。戸田先生が出獄《しゅつごく》され、広宣流布にただ一人立たれたのは四十五歳です。いずれも、壮年時代に一大発心《いちだいほっしん》をされ、広宣流布の戦《いくさ》を起こされた。それが、わが学会の伝統《でんとう》です。

私もまた、壮年部です。どうか、皆《みな》さんは、私とともに、学会精神を根本として雄々《おお》しく立ち上がり、創価の城《しろ》を支《ささ》えゆく、黄金柱《おうごんばしら》になっていただきたいのであります」

（小説『新・人間革命』10巻「桂冠」）

周囲《しゅうい》を「励《はげ》ます力《ちから》」

壮年の「壮」の字には、「勢《いきお》いが盛《さか》ん」「意気に燃《も》えている」等の意味があり、ほかにも「元気づける」という意もある。「壮行《そうこう》」といえば、前途《ぜんと》を祝し励《はげ》ましを贈《おく》ることである。

つまり自分だけでなく、周囲《しゅうい》を励《はげ》ます力《ちから》を持つのが「壮年」とはいえまいか。

青年を励《はげ》ます壮年の言葉には、真心の思いやりがあり、心からの期待があり、経験《けいけん》を重《かさ》ねた確信《かくしん》がある。（中略）

我《われ》ら壮年は、自《みずか》らが礎《いしずえ》となり、石垣《いしがき》となり、柱となって、永遠《えいえん》に崩《くず》れざる人材城《じょう》を築《きず》き上《あ》げ、青年たちに譲《ゆず》り託《たく》していくのだ。いかに時代が揺《ゆ》れ動《うご》こうとも、厳然《げんぜん》と勝利へ指揮《しき》を執《と》っていくのだ。これほど不滅《ふめつ》の人生はない。

（随筆　我らの勝利の大道　聖教新聞2012年8月31日付）

広宣流布の「柱」

広宣流布という壮大《そうだい》なる建築《けんちく》の柱は壮年であると、伸一は確信《かくしん》していた。日蓮大聖人の時代、在家《ざいけ》の中心となって活躍《かつやく》していたのは、いずれも壮年信徒《しんと》であるからだ。

たとえば、鎌倉《かまくら》の中心人物であった四条金吾《しじょうきんご》が、竜《たつ》の口《くち》の法難《ほうなん》で、殉死《じゅんし》の覚悟《かくご》で大聖人のお供《とも》をしたのは、四十歳ごろである。そして、極楽寺良観《ごくらくじりょうかん》の信奉者《しんぽうしゃ》であった主君《しゅくん》の江間氏《えまし》を折伏《しゃくぶく》し、所領《しょりょう》を没収《ぼっしゅう》されるなどの迫害《はくがい》のなか、果敢《かかん》に戦い抜いたのは、四十代半《なか》ばからである。(中略)

この壮年たちが、今こそ立ち上がろうと、勇猛果敢《ゆうもうかかん》に戦い、同志を励《はげ》ましていったからこそ、大《だい》法難《ほうなん》のなかでも確信《かくしん》の柱を得《え》て、多くの人びとが、信仰を貫《つらぬ》き通《とお》せたにちがいない。

壮年がいれば、皆《みな》が安心する。壮年が立てば、皆が勇気を燃《も》え上《あ》がらせる。

壮年の存在《そんざい》は重い。その力《ちから》はあまりにも大きい。

(小説『新・人間革命』10巻「桂冠」)

笑顔《えがお》と安心を届《とど》ける存在《そんざい》

我《われ》ら創価家族には、世界一の太陽の母たちと共に、何と頼《たの》もしい「おやじさん」「おじさん」が光っていることか。

大切な同志のため、宿縁《しゅくえん》の地域《ちいき》の方々のため、仕事で疲《つか》れていても、一軒《いっけん》また一軒と歩き、笑顔《えがお》と安心を届《とど》けてくれる。

とりわけ、支部長、地区部長、ブロック長をはじめ、最前線《さいぜんせん》の壮年リーダーたちが、広宣流布という民衆《みんしゅう》の安全地帯の拡大《かくだい》をいかに担《にな》い、支《ささ》えてくださっているか。(中略)

万事《ばんじ》において体当《たいあ》たりで苦難《くなん》と戦い、「信心即《そく》生活」「仏法《ぶっぽう》即社会」の道を切り開いているのが、わが壮年部の戦友たちなのである。

（『随筆　民衆凱歌の大行進』２０１４年８月29日）

学会家族を護《まも》り抜く

「軍《いくさ》には大将軍《だいしょうぐん》を魂《たましい》とす大将軍をくしぬれば歩兵臆病《つわものおくびょう》なり」（御書一二一九㌻）とは、あまりにも有名な御金言《ごきんげん》である。

一家においても、職場においても、地域においても、重鎮《じゅうちん》である壮年世代に覇気《はき》が横溢《おういつ》していることが、発展《はってん》と勝利の要件《ようけん》だ。

壮年部が健在《けんざい》であってこそ、婦人部も、男女青年部も、安心して戦える。

大切な、大切な学会家族を護《まも》り抜く黄金柱《おうごんばしら》よ、威風堂々《いふうどうどう》たれ！――これが、自《みずか》ら壮年として指揮《しき》を執《と》られた牧口、戸田両先生の願いであったといってよい。この心を実現《じつげん》するため、私は壮年部をつくったのだ。

（『随筆　我らの勝利の大道』２０１０年３月18日）

地域に励《はげ》ましのネットワークを

壮年は、一家の大黒柱《だいこくばしら》である。社会の黄金柱《おうごんばしら》である。人生経験《けいけん》が豊富《ほうふ》で、社会の信頼《しんらい》を勝ち取ってきた壮年が、地域建設《けんせつ》に立ち上がる時、広宣流布は大きく加速していく。

日蓮大聖人御在世《ございせ》当時を見ても、富木常忍《ときじょうにん》、大田乗明《おおたじょうみょう》、曾谷教信《そやきょうしん》らの壮年信徒《しんと》が、門下《もんか》の中心となり、地域広布を担《にな》ってきた。

壮年が、率先垂範《そっせんすいはん》で広宣流布を推進《すいしん》していってこそ、学会の重厚《じゅうこう》な力《ちから》が発揮《はっき》され、社会に深く根《ね》差《ざ》した運動を展開《てんかい》していくことができるのだ。たとえば、学会の最前線《さいぜんせん》組織である各ブロックに壮年の精鋭《せいえい》五人が集《つど》い、団結《だんけつ》のスクラムを築《きず》くならば、地域を支《ささ》える堅固《けんご》な新しい柱が立つ。その柱が林立《りんりつ》すれば、地域社会に、未来を開く創造《そうぞう》と励《はげ》ましのネットワークを広げることができよう。

壮年の力《ちから》で、足下《そっか》から幸《さち》の園《その》を開くのだ。

（小説『新・人間革命』「広宣譜」聖教新聞2014年12月10日付）

「黄金柱《おうごんばしら》」であるために

「黄金柱《おうごんばしら》」と光る壮年の行動とは?

率先《そっせん》して模範《もはん》の姿《すがた》を

黄金柱《おうごんばしら》の壮年部であるならば、今までの経験《けいけん》を生かして、女子部や婦人部を守り、青年部を本当に慈《いつく》しみ育てていってもらいたい。

とりわけ、青年部時代に訓練を受けた人は、今こそ、その力《ちから》を発揮《はっき》する時である。青年にあれこれ言うのではなく、率先《そっせん》して模範《もはん》の姿《すがた》を示《しめ》していこう。

大事なのは「今」である。壮年が立ち上がるのだ。どこまでも自分らしく、変わらぬ情熱《じょうねつ》で、若々《わかわか》しい心で、広布に進んでいけば、後輩《こうはい》も自然とついてくる。

壮年部が、青年に対する本当の真心の激励《げきれい》をするのだ。広布のため、同志のために、たとえ自分はどうなっても、「この私の姿《すがた》を見てくれ!」という戦いを、青年の胸《むね》に残していくのである。(本部幹部会、全国壮年部幹部会　聖教新聞2010年3月15日付)

「男の生きざま」を残せ

わが壮年部が意気軒昂《いきけんこう》であれば、婦人部が喜んでくださる。青年部も快活《かいかつ》に続く。未来部も強く元気に育つ。地域も社会も刮目《かつもく》する。

「黄金柱《おうごんばしら》」とは、一切を黄金《おうごん》に変えゆく柱だ。（中略）

今、各地で頼《たの》もしい「勇士《ゆうし》」の陣列《じんれつ》が拡大《かくだい》し、ヤング壮年部が奮起《ふんき》している。法城《ほうじょう》を厳護《げんご》してくださる王城会《おうじょうかい》、さらに太陽会、敢闘会《かんとうかい》等の奮闘《ふんとう》も、何とありがたいことか。

私も一生涯《いっしょうがい》、戦う壮年部である。師の叫《さけ》びを不二の盟友《めいゆう》に贈《おく》りたい。

「広宣流布のために、〝男の生きざまとはこうだ！〟というものを、この世《よ》に残そうじゃないか！」

（巻頭言　大白蓮華２０１２年３月号）

「壮年部」即《そく》「青年部」の心《こころ》意《い》気《き》

今、日本の国では青年が少なくなってきている。「壮年部」即《そく》「青年部」——それぐらいの心《こころ》意《い》気《き》で進むことだ。

この点を先取《さきど》りし、若々《わかわか》しい気概《きがい》に燃《も》える人は、勝っていける。団体も、国も、青年の心で勝利していける。

（本部幹部会、全国壮年部幹部会　聖教新聞2009年3月9日付）

青年を励《はげ》ませ

壮年は、青年を励《はげ》ますのだ。

自分は「青年のために犠牲《ぎせい》になっていこう」というくらいの謙虚《けんきょ》な姿勢《しせい》で、尊《とうと》き仏道修行《ぶつどうしゅぎょう》に励《はげ》んでいく。

そこに偉大《いだい》な功徳《くどく》が生まれる。すべての労苦《ろうく》は宝《たから》となる。

（本部幹部会、全国壮年部幹部会　聖教新聞2010年3月15日付）

青年と共に

伸一は、永続的《えいぞくてき》な発展《はってん》のためには、分別《ふんべつ》のある〝保守《ほしゅ》〟の力《ちから》と、若々《わかわか》しい、勢《いきお》いのある〝革新《かくしん》〟の力がかみ合っていくことが肝要《かんよう》であると強調《きょうちょう》。学会の発展《はってん》も、壮年と青年の模範的《もはんてき》な組み合わせによるものであると述《の》べた。

そして、広宣流布の新展開《しんてんかい》の時代に入った今、広布推進《すいしん》の強力なエンジンとしての青年の力《ちから》とともに、豊《ゆた》かな経験《けいけん》や判断力《はんだんりょく》など、総合的《そうごうてき》な円熟《えんじゅく》した壮年の力が求められていることを訴《うった》えたのである。

（小説『新・人間革命』10巻「桂冠」）

柱は倒《たお》れてはならない

壮年部の先達《せんだつ》ともいうべき四条金吾《しじょうきんご》が、主君《しゅくん》から〝法華経《ほけきょう》を捨《す》てよ〟と責《せ》められ、所領《しょりょう》を没収《ぼっしゅう》される危機《きき》にあった時、日蓮大聖人は、烈々《れつれつ》たる気迫《きはく》で指導された。

――もし、あなたが倒《たお》れたならば、敵《てき》はそれに乗《じょう》じて、鎌倉《かまくら》の同志を皆《みな》、退転《たいてん》させてしまうだろう、と。

負けるな！　柱は、絶対《ぜったい》に倒《たお》れてはならないのだ！

「一生《いっしょう》はゆめ《夢》の上《うえ》・明日《あす》をご《期》せず・いかなる乞食《こつじき》には・なるとも法華経《ほけきょう》にきずをつけ給《たも》うべからず」（御書一一六三㌻）

彼は勇敢《ゆうかん》に戦い抜《ぬ》いた。信心の究極《きゅうきょく》は「人の振舞《ふるまい》」なりと誠実《せいじつ》を貫《つらぬ》き、あらん限《かぎ》りの知恵《ちえ》を働かせた。身を慎《つつし》み、周囲《しゅうい》に細かい注意と配慮《はいりょ》を怠《おこた》らなかった。

そして、苦難《くなん》を耐《た》え抜《ぬ》き、蓮祖《れんそ》の指南通《しなんどお》りに「法華宗《ほっけしゅう》の四条金吾《しじょうきんご》・四条金吾」と、人びとに讃《たた》えられる勝利者となっていったのだ。

「仏法《ぶっぽう》は勝負」である。

壮年部は、一家の柱、社会の柱、そして広宣流布の偉大《いだい》なる黄金柱《おうごんばしら》だ。皆様《みなさま》が厳然《げんぜん》としているからこそ、婦人部も男女青年部も、安心して戦える。


（随筆　新・人間革命　２００２年12月24日　全集１３３巻）

池田SGI会長が昭和54年5月5日に認めた「正義」の揮毫

第3章
信心を深めるために

創価学会は、一人一人を真心こめて大切にしてきた。
だから強い。だから麗《うるわ》しい。
この、世界一の民衆《みんしゅう》の組織《そしき》を守り、強め、広げゆくために——。
壮年部は、どこまでも信心を深め
広布の最前線《さいぜんせん》に立つ。

1——弘教《ぐきょう》拡大

①折伏《しゃくぶく》には、どのような意義《いぎ》がありますか？

自他共《じたとも》の幸福に生きる自分に

「大聖人の仏法《ぶっぽう》は、ただ単に、自分が成仏《じょうぶつ》すればよい、自分だけが幸せになればよいという教えではありません。周囲《しゅうい》の人びとも共に幸せになり、社会の繁栄《はんえい》があってこそ、自身の安穏《あんのん》、幸せもあると教えているんです。

ゆえに大聖人は、自分だけが題目を唱えていればよいというのではなく、折伏《しゃくぶく》・弘教《ぐきょう》の実践《じっせん》を、仏道修行《ぶつどうしゅぎょう》の要諦《ようてい》として示《しめ》されているんです。つまり、エゴイズムに安住《あんじゅう》するのではなく、人びとの幸福のために正法を弘《ひろ》めるなかに、自身の最高の幸福があるんです。言《い》い換《か》えれば、日蓮大聖人の仏法《ぶっぽう》は、折伏・弘教を掲《かか》げた広宣流布の宗教《しゅうきょう》であることが、大きな特色といえます」

全《すべ》ての活動の原動力

学会活動は、弘教《ぐきょう》をはじめ、座談会、教学の研鑽《けんさん》、機関紙誌《きかんしし》の購読推進《こうどくすいしん》等々、多岐《たき》にわたる。しかし、いずれの活動の目的も広宣流布にあり、その原動力は、どこまでも〝折伏《しゃくぶく》精神〟である。この精神を失《うしな》えば、活動は惰性化《だせいか》し、空転《くうてん》を余儀《よぎ》なくされる。

（小説『新・人間革命』27巻「激闘」）

周囲《しゅうい》の人びとに真実の仏法《ぶっぽう》を教え、必ず幸せになってもらおうという一念《いちねん》を燃《も》え上《あ》がらせてこそ、すべての活動に魂《たましい》が込《こ》められ、歓喜《かんき》が湧《わ》く。

（小説『新・人間革命』26巻「勇将」）

誤解《ごかい》と偏見《へんけん》を正すため

「私たちの広宣流布の活動は、誤《あやま》った先入観《せんにゅうかん》に基《もと》づく人びとの誤解《ごかい》と偏見《へんけん》を正して、本当の学会の姿《すがた》、仏法《ぶっぽう》の真実を知らしめていくことから始まります。つまり誤解と戦い、偏見と戦うことこそ、末法《まっぽう》の仏道修行《ぶつどうしゅぎょう》であり、真実を語り説《と》いていくことが折伏《しゃくぶく》なのであります」

（小説『新・人間革命』6巻「加速」）

偉大《いだい》なものを「広く」「宣伝《せんでん》」

広宣流布の「広宣」とは、「広く」「宣伝《せんでん》」する戦いといえる。

折伏《しゃくぶく》も、仏法《ぶっぽう》の偉大《いだい》さを宣《の》べ伝える。「宣伝《せんでん》」である。

偉大《いだい》なものを偉大であると語り、広く伝える。堂々と、声高《こえたか》らかに正義を語り抜《ぬ》く。これこそ、勝利の力《ちから》だ。そうやって、学会は世界中に発展《はってん》してきた。

何も言わない。行動しない。それでは、仏法《ぶっぽう》は広まらない。

御書には「法自《おのずか》ら弘《ひろ》まらず人・法を弘むる故《ゆえ》に人法ともに尊し」（八五六ジペー）と仰《おお》せである。

仏法《ぶっぽう》を語るのに、何も躊躇《ちゅうちょ》することはない。遠慮《えんりょ》など要《い》らない。


（各部合同協議会　聖教新聞2008年6月28日付）

②折伏《しゃくぶく》の功徳《くどく》とは――

人生の豊《ゆた》かさが無限《むげん》に広がる

偉大《いだい》な人生を歩むためには、折伏《しゃくぶく》が大切なのです。

一人の人の一生は、長いようで短い。そのなかでみずから体験できることは限《かぎ》られている。しかし、一人また一人と、他の人の悩《なや》みをわが悩みとして、共に祈《いの》り、共に戦い、共に勝ち越《こ》えていけば、人生の豊《ゆた》かさは、二倍、三倍、十倍、百倍と無限《むげん》に広がっていく。

ほかの人のために悩《なや》んだ分だけ、戦った分だけ、「心の財《たから》」を積《つ》むことができる。そして、どんなことが起ころうとも揺《ゆ》るがぬ幸福境涯《きょうがい》を確立《かくりつ》していくことができるのです。

（御書の世界　全集33巻）

一族、子孫をも守っていく

スポーツとかピアノとかでも、しょっちゅうやっていれば、力《ちから》がつく。それと同じように、折伏《しゃくぶく》も、できるときにやっておくことです。その福運《ふくうん》が、自分の一族、子孫をも守っていくのです。ともあれ、折伏《しゃくぶく》を地道《じみち》にやってきた人は、福運《ふくうん》の土台《どだい》がコンクリートのように固まっている。強い。魔《ま》に破《やぶ》られない。弘教《ぐきょう》の修行《しゅぎょう》を避《さ》けた人は、どんなに偉《えら》くなっても、メッキのように、いざという時に堕《お》ちてしまう。

（法華経の智慧　全集31巻）

生命が鍛《きた》え上《あ》げられる

大聖人は、折伏行《しゃくぶくぎょう》の利益《りやく》として、涅槃経《ねはんぎょう》をあげ、「金剛身《こんごうしん》を成就《じょうじゅ》すること」（御書一三五ジペー）であると示《しめ》されています。折伏を行《ぎょう》ずる人は、誰人《たれびと》も破壊《はかい》することのできないダイヤモンドのごとき生命をつくり上げることができるのです。

慈悲《じひ》の戦いを起こすことで、私たちは自分自身に潜《ひそ》む惰性《だせい》、油断《ゆだん》、臆病《おくびょう》などの生命の錆《さび》を落とすことができる。一人を救おうとする智慧《ちえ》の闘争《とうそう》を貫《つらぬ》く人は、人間を束縛《そくばく》する固定観念《こていかんねん》、人間を疎外《そがい》する不信の無明《むみょう》を破《やぶ》ることができる。

（開目抄講義　全集34巻）

自分自身が浄化《じょうか》されていく

「人を幸せにしたい」と祈《いの》り、動くなんて、この末法の世界で、こんな尊《とうと》い人々はいない。真心から法を説《と》いても、たいていは悪口《わるくち》を言われる。侮辱《ぶじょく》されることもある。それでも、何も分からない子どもを親が慈《いつく》しむように、包容《ほうよう》しながら対話していく。菩薩《ぼさつ》です。地涌《じゆ》の菩薩にあらずんば、できるはずのない聖業《せいぎょう》です。

大事なことは、悪口《わるくち》を言われるたびに、自分自身の生命が浄化《じょうか》されていくということです。だから戸田先生も「折伏《しゃくぶく》のためにせらるる悪口《あっこう》は、心から感謝《かんしゃ》しなくてはならない」と言われていた。「悪口せらるることによって、われわれの身体《からだ》の罪障《ざいしょう》が消えて、幸福生活へとばく進することができるからである」（『戸田城聖全集』1）と。

（法華経の智慧　全集31巻）

③折伏《しゃくぶく》を実践《じっせん》する上での心構《こころがま》えは？

懸命《けんめい》に祈《いの》り抜く

「まず、折伏《しゃくぶく》をさせてくださいと、御本尊に懸命《けんめい》に祈《いの》り抜くことです。すると、そういう人が出てきます。また、ともかく、あらゆる人と仏法《ぶっぽう》の対話をしていくんです。

もちろん、信心の話をしても、すぐに入会するとは限《かぎ》りません。それでも、粘《ねば》り強《づよ》く、交流を深めながら、相手の幸福を日々祈《いの》り、対話を重《かさ》ねていくことです。種を蒔《ま》き、それを大切に育て続けていけば、いつか、必ず花が咲《さ》き、果実《かじつ》が実《みの》ります。焦《あせ》る必要はない。

さらに、入会しなくとも、ともに会合に参加して教学を勉強したり、一緒《いっしょ》に勤行したりすることもよいでしょう。自然な広がりが大事です」

（小説『新・人間革命』13巻「北斗」）

「慈悲《じひ》」と「信念」で

「ある名医《めいい》のところに、毒キノコと知らずに食べてしまった病人が担《かつ》ぎこまれたとする。名医は、病人がどんな人であれ、当然、あらゆる手を尽《つ》くして治療《ちりょう》し、真心の励《はげ》ましを送るでしょう。これが人への寛容《かんよう》の姿《すがた》といえる。そして、患者《かんじゃ》に、『もう毒キノコなんか、絶対《ぜったい》に食べてはいけない』と、注意もするはずです。患者が、『毒キノコは美味《うま》かったから、また食べたい』と言っても、『そうですか』などと言って、賛成《さんせい》したり、妥協《だきょう》する医者はいません。それが、法に対する厳格《げんかく》さといえる。

どちらも、患者《かんじゃ》の苦しみを取《と》り除《のぞ》こうとする、医師《いし》としての慈悲《じひ》と信念から発《はっ》した行為《こうい》です。仏法者《ぶっぽうしゃ》の在《あ》り方《かた》もそうです」

（小説『新・人間革命』1巻「慈光」）

勇気を奮《ふる》い起《お》こして

折伏《しゃくぶく》は難事中《なんじちゅう》の難事なりと、御書に明確《めいかく》に説《と》かれている。勇気なくしては、成《な》し遂《と》げられない。

恩師《おんし》は常々《つねづね》、言われた。

「凡夫《ぼんぷ》には慈悲《じひ》など、なかなか出るものではない。だから慈悲に代わるものは『勇気』です。『勇気』をもって、正しいものは正しいと語っていくことが『慈悲』に通じる。表裏一体《ひょうりいったい》なのです。表は勇気です」

この指導のままに、私も不屈《ふくつ》の勇気を奮《ふる》い起《お》こして折伏《しゃくぶく》に挑戦《ちょうせん》してきた。（中略）

たとえ相手が信心しなくても、勇気をもって語っておけば、その人の生命の大地には仏種《ぶっしゅ》が植《う》えられる。それは、いつか必ず花開く時が来るのだ。

さらに勇気の対話の波動《はどう》の中で、思いがけない人が仏法《ぶっぽう》に目覚《めざ》めるものだ。

(『随筆　我らの勝利の大道』　2013年9月13日)

「誠実《せいじつ》な振《ふ》る舞《ま》い」と「真心」

十九歳で信心した私もそうだったが、広大深遠《こうだいしんえん》なる仏法《ぶっぽう》を完璧《かんぺき》に理解《りかい》して入会する人などいない。「宿命転換《しゅくめいてんかん》」等の哲理《てつり》を語る学会員の言葉の端々《はしばし》に溢《あふ》れる確信《かくしん》に、心を動かされた人もいる。何よりも、紹介者《しょうかいしゃ》の誠実《せいじつ》な振《ふ》る舞《ま》いへの信頼《しんらい》や、自分を思ってくれる真心への感動に、背中《せなか》を押《お》されるものだ。

(『随筆　対話の大道』　2010年12月16日)

真実を語る

なにか〝強引《ごういん》〟であることが折伏《しゃくぶく》だと思《おも》い込《こ》んでいるとすれば、それは大変な勘違《かんちが》いであり、誤《あやま》りです。

折伏《しゃくぶく》とは「真実を語る」ことです。法華経《ほけきょう》は真実を説《と》いているので「折伏の経典《きょうてん》」と呼《よ》ばれる。

末法においては、法華経《ほけきょう》の真髄《しんずい》である「南無妙法蓮華経」のすばらしさを語り、広げていく行動は、全部、「折伏」です。


（法華経の智慧　全集29巻）

言うべきことは言う

学会の発展《はってん》――その要因《よういん》は何か。牧口先生は、それは「言わねばならないことを、どしどし言って、折伏《しゃくぶく》するからである」と喝破《かっぱ》された。言うべきことは、はっきり言わねばならない。

正しいことは「正しい！」、間違《まちが》っていることは「間違っている！」と。「あれはインチキだ！」「あれは嘘《うそ》だ！」「あれは策略《さくりゃく》だ！」と。学会は、それを言いきってきた。だから学会は発展《はってん》した。

「言うべきことを言いきる」――これが折伏《しゃくぶく》精神である。学会の「魂《たましい》」なのである。


（本部幹部会　全集88巻）

〝思い込《こ》み〟を排《はい》して

「ともすれば一度ぐらい話をしただけで、〝あの人はだめだ〟〝この人は無理だ〟と思い込《こ》んでしまう。でも、人の心は刻々《こっこく》と変わる。いや、執念《しゅうねん》の対話で、断《だん》じて変えていくんです。

それには自分の話し方に問題はないか、検討《けんとう》してみる必要もあります。

たとえば、家庭不和《ふわ》で悩《なや》んでいる人に、病気を克服《こくふく》することができると訴《うった》えても、関心は示《しめ》さない。病気の人に商売がうまくいくと訴えても、共感はしません。

相手が納得《なっとく》できるように、いかに語るか――これも智慧《ちえ》なんです」

（小説『新・人間革命』17巻「民衆城」）

④信心を勧《すす》める上でのポイントは?

穏《おだ》やかに、にこやかに

大聖人は、破折《はしゃく》をするさいにも、「穏《おだ》やかに、また強く、両目《りょうめ》を細くして、顔色《かおいろ》をととのえて、静かに申《もう》し上《あ》げなさい」(御書一二八〇ジー、通解)と仰《おお》せである。

大確信《だいかくしん》をもって、穏《おだ》やかに、また、にこやかに仏法《ぶっぽう》を語っていくことだ。

(関東会・東京会合同研修会　全集96巻)

確信《かくしん》と体験を堂々と語る

仏法《ぶっぽう》の偉大《いだい》さと信心のすばらしさを自信満々《まんまん》と話していくことです。そして人生の確信《かくしん》ある生き方、未来への限《かぎ》りなき希望に雄々《おお》しく生きぬく、価値《かち》ある生活の実証《じっしょう》を語っていくことです。

結論《けつろん》して言えば、自分自身の確信《かくしん》と体験を堂々《どうどう》と語りぬいていくことです。

(世界平和祈念勤行会　全集94巻)

焦《あせ》ってはいけない

人には、それぞれ「時《とき》」というものがあります。いつか、その人も、正しい仏法《ぶっぽう》に目覚《めざ》める時が来る。祈《いの》っていれば、必ずそうなります。焦《あせ》ってはいけない。忍耐強《にんたいづよ》くいきなさい。戦いは忍耐です。

また、なかなか思うとおりにいかない人がいるからこそ、題目がたくさん唱えられるのではないですか（笑い）。その功徳《くどく》は、全部、自分のものです。

広布への行動に無駄《むだ》はない。「損《そん》」はない。学会活動は、「得《とく》」ばかりなのです。

（世界平和祈念勤行会　全集94巻）

耳を傾《かたむ》けること

真《しん》の対話は、他者の尊極《そんごく》の生命に対する敬意《けいい》から始まる。

この点に関しては、世界的な文化人類学者ヌール・ヤーマン博士とも一致《いっち》した。「相手を尊敬《そんけい》すること」そして「耳を傾《かたむ》けること」である、と。

（世界との語らい　聖教新聞2007年9月30日付）

常識《じょうしき》豊《ゆた》かな行動で

「あくまでも常識《じょうしき》のうえに立ち、知恵《ちえ》を働かせていくことです。非常識《ひじょうしき》な行動があれば、どんなによい話をしても、その人を心から納得《なっとく》させることはできません。理屈《りくつ》ではわかっても、やっぱり学会は嫌《きら》いだ、ということになってしまう。それが人情《にんじょう》というものです」

（小説『新・人間革命』4巻「春嵐」）

⑤なかなか弘教《ぐきょう》が実《みの》りません

尊《とうと》い「仏《ほとけ》の悩《なや》み」です

一人の人を折伏《しゃくぶく》するということは、どれほど大変なことか。妙法《みょうほう》は「難信難解《なんしんなんげ》」とある通りである。だからこそ、これ以上に尊《とうと》い、偉大《いだい》な行動はない。

私も、なかなか、できなくて苦労した。でも、同志と「今、一人の人が入会せずとも、幾《いく》百千万の人々が、我《われ》らを待っている」と励《はげ》まし合いながら、悠々《ゆうゆう》と対話を進めてきた。

折伏《しゃくぶく》は、できても、できなくても朗《ほが》らかにやりなさい。皆《みな》に最高の希望と勇気を送る対話なのだから。

そもそも、人を救おうとして悩《なや》むこと自体、すごいことではないか。

それ自体、地涌《じゆ》の菩薩《ぼさつ》の悩《なや》みであり、仏《ほとけ》の悩みである。御本尊を持《たも》たせることは、その人の家に日蓮大聖人を御案内することにも等しい。

（『勝利の人間学』）

仏種《ぶっしゅ》はいつか芽《め》を出す

「一句《いっく》でも」仏縁《ぶつえん》を結《むす》ぶならば、その人の胸中《きょうちゅう》には、永久《えいきゅう》に消えることのない「成仏《じょうぶつ》の種《たね》」が、確実《かくじつ》に植《う》えられるのである。（中略）

大聖人の仏法《ぶっぽう》を少しでも語っていく、友情の縁《えにし》を結《むす》んでいく――。たとえ、その時には相手が信心しなくても、仏種《ぶっしゅ》を植《う》えていく「聞法下種《もんぼうげしゅ》」そのものが「折伏《しゃくぶく》」なのである。

（本部幹部会　全集79巻）

たくましく挑戦《ちょうせん》を続けよう

一生懸命《いっしょうけんめい》に話しても、なかなか相手に通《つう》じず、悲しく、悔《くや》しい思いをする。しかし、さらに祈《いの》り、学んで、次は対話を実《みの》らせていこうと努力する。

上手《うま》くいかなかった侘《わび》しさなど、すぐに忘《わす》れ去《さ》って「次は断《だん》じて勝つ」と、たくましく挑戦《ちょうせん》を開始する。

この「能忍《のうにん》（能《よ》く忍《しの》ぶ）」の心を持ったことが生命の勝利だ。そして必ず、わが決意の通り、一《いち》念《ねん》の通りに花開いていくのが、「一念三千《いちねんさんぜん》」の法理《ほうり》である。

（『随筆　平和への大道』２０１１年10月９日）

落《お》ち込《こ》むことも、焦《あせ》ることもない

「信心はすごいよ！」とありのままに歓喜《かんき》を語れば、既《すで》に立派《りっぱ》な折伏《しゃくぶく》である。その体験を語る側《がわ》も聞く側も、共に福徳《ふくとく》の花を爛漫《らんまん》と咲《さ》かせる因《いん》を積《つ》んでいけるのだ。

ゆえに、すぐに対話が実《みの》らずとも、落《お》ち込《こ》むことも、焦《あせ》ることもない。

「いよいよ悦《よろこ》びをますべし」（御書二〇三ジペー）との御聖訓《ごせいくん》のままに、自信満々《まんまん》と、喜び勇《いさ》んで次の友へ、また次の友へと、語り広げていけばよい。

（『随筆　民衆凱歌の大行進』2015年7月8日）

対話の中に人間革命がある

折伏《しゃくぶく》をすれば、時には罵詈雑言《ばりぞうごん》を浴《あ》びせられることもある。嘲笑《ちょうしょう》されることもある。「悪口罵詈《あっくめり》」と説《と》かれる通りだ。しかし、勇気と慈悲《じひ》の心をもって相手を包《つつ》みながら、忍耐強《にんたいづよ》く、対話を重《かさ》ね、理解《りかい》と共感を勝ち取る戦いが学会活動である。そのなかにこそ、生命の鍛錬《たんれん》があり、宿命転換《しゅくめいてんかん》の、そして、人間革命の大道《だいどう》があるのだ。

（小説『新・人間革命』18巻「前進」）

壁《かべ》を破《やぶ》ろう

（＝山本伸一が）最《もっと》も力《ちから》を込《こ》めて訴《うった》えたのは、「自身の心を折伏《しゃくぶく》せよ」ということであった。広宣流布の前進を阻《はば》むものは、外にあるのではなく、自身の内《うち》にこそあるからだ。臆病《おくびょう》や弱さは、あきらめを生み、「もう、だめだ！」「これ以上はできない」と、自分の壁《かべ》をつくり出してしまう。

また、慢心《まんしん》は、油断《ゆだん》と安逸《あんいつ》を生み、敗北の墓穴《ぼけつ》を掘《ほ》る。

その心を打ち破《やぶ》り、自《みずか》らを折伏《しゃくぶく》するのだ。壁《かべ》を破るには、腹《はら》を決めることだ。断《だん》じて成《な》し遂《と》げてみせると、一念《いちねん》を定《さだ》め、御本尊に誓願《せいがん》の題目を唱《とな》え抜くのだ。そして、勇猛果敢《ゆうもうかかん》に行動せよ。走りだせば加速度がつく。勢《いきお》いを増《ま》す。

（小説『新・人間革命』17巻「本陣」）

心豊《ゆた》かに楽しく

弘教《ぐきょう》について、戸田先生は、こう言われたこともあった。

「なかには、折伏《しゃくぶく》のできない人もいる。口《くち》べただとか、気があまり良すぎるとかいう人は、折伏はあまりできないが、本人は喜んで信仰《しんこう》している。それならそれでいいのである。それを『あなた！　折伏しなくちゃだめよ！』とか言う人がいる。だめよと言ったって、本人ができなければ、しようがないではないか。本人が御本尊をありがたいと思っているなら、それでいいのだ。ただその人を、本当に信心させるようにすればよい。『御本尊は本当にすばらしい』ということが、ちゃんと分かってくれれば、自然に、その人は他の人に言う。それが、そのまま、折伏《しゃくぶく》になるのだ」と。（中略）

心豊《ゆた》かにやるのです。楽しくやるのです。

この世《よ》に生まれて、一言《ひとこと》でも妙法《みょうほう》のことが説《と》けるなんて最高の栄誉《えいよ》だと、感謝《かんしゃ》して、誇《ほこ》りをもって、笑《え》みをたたえて、やるのです。

（法華経の智慧　全集31巻）

⑥「悩《なや》みがない」と言う人には――

「悩《なや》みがない＝《イコール》幸福」ではない

人生は誰人《たれびと》たりとも、生老病死《しょうろうびょうし》の苦悩《くのう》との戦いである。悩《なや》みがないことが幸福ではない。どんな悩みにも負けないことが、幸福なのである。

自分だけの幸福ではない。人を幸福にできる人が、本当の幸福者なのである。

（随筆　人間世紀の光　2004年10月29日　全集136巻）

「真実の幸福とは何か」を考えよう

真実の幸福とは何か。この根本課題は「三世永遠《さんぜえいえん》」という次元《じげん》から考えなければ、絶対《ぜったい》に解《と》けない。

ゆえに、大聖人は、四条金吾《しじょうきんご》に「蔵《くら》の財《たから》よりも身《み》の財すぐれたり身の財より心《こころ》の財第一《だいいち》なり、此《こ》の御文《おんふみ》を御覧《ごらん》あらんよりは心の財をつませ給《たも》うべし」（御書一一七三ジペー）――蔵に蓄《たくわ》えた財宝《ざいほう》よりも、身の財（健康を基本《きほん》に身につけた技能《ぎのう》、資格《しかく》など）がすぐれている。その身の財よりも、心の財が第一の財なのである。この手紙を御覧になってから以後は、心の財を積んでいきなさい――と仰《おお》せなのである。

（長野県総会　全集84巻）

悩《なや》みのない人はいない

戸田城聖先生はわかりやすく言われた。

「この娑婆《しゃば》世界に、悩《なや》みのない人などいないのだ。

ゆえに、仏《ほとけ》は人を励《はげ》まさずにはおれない。救わずにはおれない。

これが折伏精神《しゃくぶくせいしん》である」

友を思い、友の幸福を祈《いの》って語る。そこに自《おの》ずから仏《ほとけ》の生命が脈打《みゃくう》つのだ。

（『随筆　希望の大道』　2012年2月8日）

より高い次元《じげん》へリードを

法華経《ほけきょう》では「動執生疑《どうしゅうしょうぎ》」という化導法《けどうほう》が用《もち》いられています。それまでの執着《しゅうちゃく》を揺《ゆ》り動《うご》かして、より高い次元《じげん》へとリードしていくことです。（中略）

哲学《てつがく》を、理想を、確信《かくしん》を語る。人間が持つ偉大《いだい》な力《ちから》を語り合う。これが折伏《しゃくぶく》です。これこそ、人のためになり、自分のためになり、そして、共々に成長して、世の中に活力《かつりょく》を漲《みなぎ》らせていく、最も偉大《いだい》な対話なのです。

（若き君へ　聖教新聞2012年2月17日付）

人間には必ず転機《てんき》がある

すぐには信心に目覚《めざ》めないにしても、人間には必ず転機《てんき》がある。

人生には、深刻《しんこく》な悩《なや》みにぶつかることもあれば、行き詰《づ》まることもある。そして、その時に、信心を思い出せば、幸福への軌道《きどう》を踏《ふ》み外《はず》さずにすむ。

（小説『新・人間革命』5巻「歓喜」）

2——機《き》関《かん》紙《し》拡大

①聖教新聞の使命とは

時代を照《て》らす光、希望の声

「聖教新聞」の放《はな》つ言論《げんろん》は、混迷《こんめい》の時代を照《て》らしゆく哲学《てつがく》の光である。希望の声である。正義の響《ひび》きである。

御金言《ごきんげん》には——

「一《ひとつ》の師子王《ししおう》吼《ほゆ》れば百子《ひゃくし》力《ちから》を得《え》て諸《もろもろ》の禽獣《きんじゅう》皆頭《みなこうべ》七分《しちぶん》にわる《破》」（御書一三一六ページ）と断言《だんげん》なされている。

「聖教新聞」こそ、我《われ》ら創価の破邪顕正《はじゃけんせい》の師子吼《ししく》なのだ。（中略）

「聖教」と共に、勇敢《ゆうかん》に真実を叫《さけ》び、朗《ほが》らかに堂々《どうどう》と真実の勝利の旗《はた》を打ち立てるのだ。

真実を師子吼《ししく》する正義の新聞

（随筆　人間世紀の光　２００６年11月20日　全集１３８巻）

新聞の使命とは何か？

生涯《しょうがい》、ペンの勇者として、新聞を武器《ぶき》に正義の言論戦《げんろんせん》を展開《てんかい》した、ブラジル文学アカデミーのアタイデ総裁《そうさい》は語られた。

「新聞は毎日、また常《つね》に、民衆《みんしゅう》の光輝《こうき》ある力《ちから》のために、現在と未来の間に立って、歴史の行進を先取《さきど》りする。そして世界の地平線へ、鋭《するど》きまなざしを広げていく」

――常《つね》に民衆《みんしゅう》と共に、歴史の行進の先頭に立て。人々の鋭《するど》き眼《まなこ》を、世界へ大きく広げゆけ、と。

（中略）

戸田先生も、聖教新聞の創刊《そうかん》以来、自《みずか》ら先頭に立って、小説『人間革命』やコラムの「寸鉄《すんてつ》」、論文《ろんぶん》などを執筆《しっぴつ》され、縦横無尽《じゅうおうむじん》に言論戦《げんろんせん》を展開《てんかい》してくださった。

そのもとで訓練を受けた私も、「学会の真実の歴史を残してみせる」「会員の皆《みな》さんが喜ぶならば」と、胸中《きょうちゅう》で恩師《おんし》と対話を重《かさ》ねながら、今日《きょう》まで休みなく、心血《しんけつ》を注《そそ》いで正義のペンを執《と》り続けている。

（中略）

私たちの人生においても、また言論戦《げんろんせん》にあっても、善《ぜん》を宣揚《せんよう》し、邪悪《じゃあく》を破折《はしゃく》してこそ、真実の信《しん》頼《らい》が得《え》られる。

聖教は真実を師子吼《ししく》する正義の新聞である。

（5・3祝賀協議会　聖教新聞2010年4月23日付）

文字《もじ》で人を救う

日蓮大聖人は、「法華経《ほけきょう》は一文《いちもん》・一句《いっく》なれども耳《みみ》にふるる者《もの》は既《すで》に仏《ほとけ》になるべき」（御書九三六ジペー）と仰《おお》せであられる。

大仏法《だいぶっぽう》の哲学《てつがく》を根本とした文字《もじ》を通して、友情と信頼《しんらい》の対話を弾《はず》ませゆく行動は、最高に尊貴《そんき》な実践《じっせん》である。文字で人を救うのだ。

さらに、「悪《あく》を滅《めっ》するを功《く》と云《い》い善《ぜん》を生《しょう》ずるを徳《とく》と云うなり」（御書七六二ジペー）と示《しめ》されている。

「聖教新聞」から放《はな》たれる破邪顕正《はじゃけんせい》の言論戦《げんろんせん》は、〝民衆尊重《みんしゅうそんちょう》の精神を広げゆく人権闘争《じんけんとうそう》〟であり、突《つ》き詰《つ》めれば、悪を滅《めっ》し、善《ぜん》を生《しょう》ずる広布の戦いである。

ゆえに聖教を拡大《かくだい》し、聖教を支《ささ》えゆく行動に、功徳《くどく》が出ないわけがないのだ。

（『随筆　我らの勝利の大道』　2010年8月31日）

幸福への道が書かれている

仏法《ぶっぽう》では、文字《もじ》の持つ力《ちから》が最大に重視《じゅうし》されている。

「滅《めっ》せる梵音声《ぼんのんじょう》（＝仏《ほとけ》の声）かへって形《かたち》をあらはして文字《もじ》と成《な》って衆生《しゅじょう》を利益《りやく》するなり」（御書四六九ジペー）

衆生《しゅじょう》を救わんとする仏《ほとけ》の魂《たましい》が脈打《みゃくう》つ肉声の響《ひび》きが、そのまま形となって留《とど》められたものが、経《きょう》文《もん》の文字《もじ》である。（中略）

釈尊《しゃくそん》、そして大聖人の仏意《ぶつい》に直結《ちょっけつ》し、妙法《みょうほう》に連《つら》なる一字また一字を、正義の金文字《きんもじ》として発信していくのが、「聖教新聞」である。

戸田先生は、関西の天地で宣言《せんげん》された。

「世《よ》の中《なか》が不幸であることはよくわかる。では、どうすれば幸福になれるか。誰《だれ》も、何も答えていない。しかし、聖教新聞には幸福への道が書かれている。こんな新聞はほかにはありません」と。

聖教新聞は、今日も――

「大地の如《ごと》く」幸福の価値《かち》を創造《そうぞう》するのだ。

「大海の如《ごと》く」世界を平和へリードしていくのだ。

「日月《にちがつ》の如《ごと》く」人類の心を希望と正義《せいぎ》で照《て》らしていくのだ。

（『随筆　我らの勝利の大道』　２０１０年８月30日）

仏縁《ぶつえん》の拡大《かくだい》になる

私と妻は、常《つね》に率先《そっせん》して、聖教新聞の拡大《かくだい》を行《おこな》ってきた。

御聖訓《ごせいくん》には、「仏《ほとけ》は文字《もじ》によって人々を救うのである」（御書一五三二ページ、通解）、「（法華経《ほけきょう》の）文字変《へん》じて又《また》仏の御意《おんこころ》となる」（同四六九ページ）などと説《と》かれている。

聖教新聞の拡大《かくだい》は、即《そく》、仏縁《ぶつえん》の拡大であり、広宣流布への大折伏《だいしゃくぶく》の意義《いぎ》があることを、知っていただきたい。

（全国最高協議会　聖教新聞２００７年８月15日付）

師の偉業《いぎょう》を後世へ

真実ほど強いものはない。民衆《みんしゅう》の正義の声にかなうものはない。

それを広く伝え、永遠《えいえん》に残すのは、活字《かつじ》の力《ちから》である。

戸田先生は、口《くち》ぐせのように言われていた。「私は聖教新聞を、日本中、世界中の人に読ませたい。それ自体が、仏縁《ぶつえん》を結《むす》ぶことになる」

戦後、戸田先生の事業が絶体絶命《ぜったいぜつめい》の苦境《くきょう》の中で、聖教新聞は構想《こうそう》された。先生は、折伏《しゃくぶく》と聖教の拡大《かくだい》を、広宣流布の両輪《りょうりん》と考えておられた。

その心を知る私は、来る日も来る日も、大勇猛心《ゆうみょうしん》を奮《ふる》い起《お》こし、力《ちから》の限《かぎ》り、書いて書いて書き続けてきた。先生の偉業《いぎょう》を、わが命にかえても、後世《こうせい》に留《とど》めるために。

自《みずか》らも聖教を配《くば》り、購読《こうどく》を推進《すいしん》してきた。（中略）

私と妻は、無冠《むかん》の友の健康と無事故《むじこ》を、毎日、真剣《しんけん》に祈《いの》っている。尊《とうと》き新聞長の皆《みな》さん、通信員の方々、聖教を支《ささ》えてくださる全《すべ》ての皆様方《みなさまがた》に心から感謝《かんしゃ》を捧《ささ》げたい。

（名誉会長と共に　今日も広布へ　聖教新聞２０１２年２月12日付）

広宣流布の弾丸《だんがん》

聖教は、広宣流布の弾丸《だんがん》である！

聖教は、民衆《みんしゅう》を守る正義の城《しろ》である！

聖教は、世紀を開く希望の光である！

私の一日は、その「聖教新聞」とともに始まる。

全国の配達員の皆様《みなさま》の無事故《むじこ》を妻と祈《いの》りながら、インクの匂《にお》いも新しい、届《とど》いたばかりの新聞に目を通す。

同時に、明日《あした》の紙面のことが心に浮《う》かんでくる。新聞の顔である一面トップの記事は何か。文化・教育・平和の学会らしい、知性《ちせい》が光り、心が豊《ゆた》かになる内容《ないよう》であるかどうか。好評《こうひょう》の座談会の連載《れんさい》も気にかかる。

私の立場で、編集部《へんしゅうぶ》に率直《そっちょく》にアドバイスさせていただくこともある。

今日、作る新聞で、明日の勢《いきお》いが決まる。

危険千万《きけんせんばん》のこの社会にあって、真実と正義の「聖教新聞」を制作《せいさく》していくことから、私は、心が離《はな》れない。

（随筆　新・人間革命　2001年4月20日　全集132巻）

②聖教新聞の淵源《えんげん》は？

創刊《そうかん》原点の日

「聖教新聞」の創刊《そうかん》も、まさに「最悪の状況《じょうきょう》」のなかで構想《こうそう》された。そして、究極《きゅうきょく》の「希望の表《ひょう》現《げん》」として誕生《たんじょう》したのだ。

それは、昭和二十五年（一九五〇年）の八月二十四日であった。

当時、深刻《しんこく》な経済不況《けいざいふきょう》のあおりを受け、戸田先生の事業も危機《きき》に瀕《ひん》し、必死に事態《じたい》の打開《だかい》に奔走《ほんそう》していた。その噂《うわさ》を聞きつけた敏腕《びんわん》の新聞記者が、スクープ記事にしようと、接近《せっきん》してきたのである。

私は、直《ただ》ちに矢面《やおもて》に立って渉外《しょうがい》にあたった。難《むずか》しい外交戦は、常《つね》に私が最前線の尖兵《せんぺい》であった。

二十二歳の私は、正確《せいかく》な実態《じったい》を示《しめ》し、わが師の実像《じつぞう》を記者に打《う》ち込《こ》んだ。

その上で、この二十四日に、戸田先生に記者と会っていただいたのである。誠意《せいい》と道理《どうり》を尽《つ》くした応対《おうたい》で、いいかげんな記事が出る憂《うれ》いは消え去った。

この攻防戦《こうぼうせん》の直後、戸田先生は私に言われたのだ。

「一つの新聞をもっているということは、実に、すごい力《ちから》をもつことだ。学会も、いつか、なるべく早い時期に新聞をもたなければいけない。大作、よく考えておいてくれ」

この悠然《ゆうぜん》たる強さ、この懐《ふところ》の深い発想、この大胆不敵《だいたんふてき》なる前進への布石《ふせき》……。

これが、偉大《いだい》な師・戸田先生の本領《ほんりょう》であられた。（中略）

戸田先生は心に期《き》しておられた。

――庶民《しょみん》が、自分たちの新聞を掲《かか》げて、幸福と勝利の哲学《てつがく》を楽しく語り合える日を！

そして、先生は夢見《ゆめみ》ておられた。

――民衆《みんしゅう》が新聞を手に取り、団結《だんけつ》し、社会に正義と希望の対話を広げゆく、まばゆい人間世紀の到来《とうらい》を！

この〝師弟のロマン〟を乗せた「聖教新聞」の歴史は、試練《しれん》の八月二十四日から始まったのだ。

それは、私の入信三周年の日でもあった。

そして、この日が不滅《ふめつ》なる聖教の「創刊《そうかん》原点の日」となったのである。

（『随筆　我らの勝利の大道』２０１０年8月30日）

戸田先生「新聞をつくろう」

「新聞をつくろう。機関紙をつくろうよ。これからは言論《げんろん》の時代だ」

一身に非難《ひなん》の集中砲火《しゅうちゅうほうか》を浴《あ》びていたなかで、先生は、悠然《ゆうぜん》と、広宣流布の遥《はる》かな未来を展望《てんぼう》され続けていたのだ。

年が明けた一九五一年（昭和二十六年）二月の寒い夜のこと。

「いよいよ新聞を出そう。私が社長で、君は副社長になれ。勇《いさ》ましくやろうじゃないか！」

こう呼《よ》びかけられた先生の勇壮《ゆうそう》なお顔が、今もって忘《わす》れられない。

（随筆　新・人間革命　1998年4月15日　全集129巻）

「日本中、世界中の人に読ませたい」

「この新聞を、日本中、世界中の人に読ませたいな」

こう語られていた恩師《おんし》は、創刊《そうかん》五周年（昭和三十一年）の年頭から、アジア諸国《しょこく》の指導者《しどうしゃ》に、「聖教新聞」の贈呈《ぞうてい》を開始された。

インドのネルー首相、フィリピンのマグサイサイ大統領、中国の毛沢東《もうたくとう》主席と周恩来《しゅうおんらい》首相など十氏である。

書簡《しょかん》には、「本紙を通じて仏教《ぶっきょう》の何たるかの理解《りかい》を一層《いっそう》深められ、以《もっ》て東洋文明の為《ため》に尚一層《なおいっそう》の力《ちから》を尽《つく》されます様御祈《ようおいの》りするものであります」とあった。

先生は、「聖教新聞」をもって、東洋の友好と平和へ、突破口《とっぱこう》を開こうとされたのである。

奇想天外《きそうてんがい》と笑う人も多かったが、私は師匠の心をそのとおり、まっすぐに実現《じつげん》してきた。

（随筆　新・人間革命　1998年4月15日　全集129巻）

師の夢《ゆめ》の実現《じつげん》へ、自《みずか》ら拡大《かくだい》

学会本部は当時、西神田《にしかんだ》にあった。

私は、神田中《かんだじゅう》をまわって、聖教新聞を自《みずか》ら拡大《かくだい》していった。

「聖教新聞を、日本中の人に読ませたい」――師の夢《ゆめ》の実現《じつげん》のため、足元《あしもと》から行動していったのである。

昭和三十年の一月。私は、「若《わか》き日の日記」に記《しる》している。

「素人《しろうと》一名乃至《ないし》二名で始まったこの紙弾《しだん》（＝聖教新聞）。今、数十万部に近い勢力《せいりょく》となる。人々は笑った。素人になにが出来《でき》るか、と。（戸田）先生のいわく〝素人も、五年たてば玄人《くろうと》になってしまう〟と」

（全国最高協議会　聖教新聞2007年8月15日付）

③「無冠《むかん》の友」への励《はげ》まし

尊《とうと》い決意の人

配達員の皆様方《みなさまがた》！

皆《みな》さんは、一番、地味《じみ》で、一番、大変だ。配達を経験《けいけん》した私には、よくわかる。暑い日も、寒い日も、雨の日もある。お腹《なか》がすいている時もある。朝早く、多くの人は、まだ寝《ね》ている。そこを飛び起きて、聖教新聞を配《くば》ってくださる。尊《とうと》い決意なくしては、本当に、できないことだ。

（本部幹部会　聖教新聞2008年4月28日付）

心を打つ「人《ひと》の振舞《ふるまい》」

御聖訓《ごせいくん》には、「不軽菩薩《ふきょうぼさつ》の人《ひと》を敬《うやま》いしは・いかなる事《こと》ぞ教主釈尊《きょうしゅしゃくそん》の出世《しゅっせ》の本懐《ほんかい》は人の振舞《ふるまい》にて候《そうらい》けるぞ」（御書一一七四ジペー）と仰《おお》せであります。この仰せを、来る日も来る朝も、誰《だれ》よりも早く実《じっ》践《せん》しておられるのが、皆《みな》さま方であります。

その「無冠《むかん》の友」の地道《じみち》な行動が、どれほど人の心を打つか。

昨年、私が皆《みな》さまを代表して、中国の名門大学から名誉教授の称号《しょうごう》を拝受《はいじゅ》した折《おり》のことです。その大学の首脳《しゅのう》の一人は、すでに聖教新聞の愛読者でした。なぜか。その方は、かつて中部にある大学に留学《りゅうがく》し、地元紙の配達をしていた時に、聖教の「無冠《むかん》の友」と深い心の交流を結《むす》んでいたからです。

――毎朝、留学生《りゅうがくせい》の自分にまで、親切に声をかけてくれる無冠《むかん》の皆《みな》さまは、なんと明るく、なんと爽《さわ》やかで、なんと生き生きとしておられたことか。（中略）

聖教新聞にみなぎる活力《かつりょく》も、哲学《てつがく》も、すべて無冠《むかん》の皆《みな》さま方の尊《とうと》き「人《ひと》の振舞《ふるまい》」を通して、地域に、社会に、そして世界に伝わり、広がっているのです。

（メッセージ　無冠2009年1月号）

「ありがとう」

私も妻も、毎朝、新聞が届《とど》けられる時間になると、よく二人で合掌《がっしょう》して感謝《かんしゃ》している。「今ごろ、新聞が届いたかもしれないね。ありがとう」と。また、新聞を手に取るときも、「配達をされる無《む》冠《かん》の友の皆《みな》さま、ありがとう」と。いつもそういう思いでいる。

（本部幹部会　全集87巻）

絶対《ぜったい》に勝利者となる

「聖教新聞」の配達には、それ自体、折伏《しゃくぶく》に通《つう》ずる功徳《くどく》が現《あらわ》れる。永遠《えいえん》の生命から見れば、絶対《ぜったい》に「勝利者」となる。究極的な幸福境涯《きょうがい》となることは間違《まちが》いない。

「配達即折伏《そくしゃくぶく》」

「配達即広宣流布」

「配達即友好活動」

「配達即拡大《かくだい》」である。

どうか〝無冠《むかん》の友〟の皆《みな》さまは、お体を大切にしていただきたい。寝不足《ねぶそく》にならないよう、聡明《そうめい》に工夫《くふう》しながら、「絶対無事故《ぜったいむじこ》」でお願い申《もう》し上《あ》げたい。

「無冠即無事故《むかんそくむじこ》」

「無冠即健康」

「無冠即長寿《ちょうじゅ》」

「無冠即福徳《ふくとく》」であれと、私も妻も、毎日、真剣《しんけん》に祈《いの》っている。

（本部幹部会　全集29巻）

3——訪《ほう》問《もん》激《げき》励《れい》

①なぜ、訪《ほう》問《もん》激《げき》励《れい》に力《ちから》を注《そそ》ぐのでしょうか？

「一人」の幸せのために

一人を大切にするとは、その人のために、勇《いさ》んで行動することだ。まず、直接《ちょくせつ》会うことである。会う人が一人残らず幸福になるように、また、広宣流布の人材に育つように祈《いの》ることである。

（随筆　新・人間革命　2002年9月13日　全集133巻）

歩いた分だけ功徳《くどく》は広がる

広宣流布のために、一軒《いっけん》一軒、歩き、会って語ることは、何よりも尊《とうと》い仏道修行《ぶつどうしゅぎょう》である。

一日に一人でも、一年では三百六十五人を励《はげ》ませる。歩いた分だけ功徳《くどく》は広がる。リーダーが率《そっ》先《せん》して、目標を決めて挑《いど》むのだ。

(『勝利の人間学』)

一人一人の「力《ちから》」を引き出す

一対一の対話ほど、強いものはない。

学会においても、幹部が一方的に「上から」話す時代ではない。大勢《おおぜい》の前で話をして、拍手《はくしゅ》をもらって、広宣流布が進んでいると思うのは、幻想《げんそう》である。夢《ゆめ》を見ているようなものだ。

もちろん、会合には重要な意義《いぎ》があるし、大きな会合が必要な場合もある。

しかし、それだけでは、「一方通行」になる。魂《たましい》に入りにくい。(中略)

一対一で語り合ってこそ、本当のことが分かる。

一対一の触発《しょくはつ》があってこそ、一人一人の持つ「大きな力《ちから》」を引き出していくことができるのである。

すぐに「人を集める」のではない。

幹部自《みずか》らが「会いにいく」。

友の励《はげ》ましのために、一軒《いっけん》一軒、足を運ぶ。

その地道《じみち》な労苦《ろうく》によって起こした「一波《いっぱ》」が、「万波《ばんぱ》」に広がっていくのだ。

（全国最高協議会　聖教新聞2007年8月16日付）

今生《こんじょう》の財産《ざいさん》となる

「友のなかには、病苦、経済苦、家庭不和《ふわ》など、さまざまな悩《なや》みをかかえ、苦しんでいる人がたくさんいます。家族や親戚《しんせき》からも、見放《みはな》されてしまった人もいるでしょう。私どもには、その友の悩《なや》みに耳を傾《かたむ》け、幸せを願い、仏法《ぶっぽう》を教えていく使命があります。事実、私たちは、そうしてきました。時には、共に涙《なみだ》し、共に御書を拝《はい》し、共に祈《いの》り、粘《ねば》り強《づよ》く激励《げきれい》の対話を重《かさ》ね抜いてきました。そのなかで、多くの方々が信心で立ち上がり、苦悩《くのう》を克服《こくふく》してきたんです。友を励《はげ》ましてきた人は、苦悩を分《わ》かち合《あ》った分だけ、喜びも分かち合い、信心の確信《かくしん》も増《ま》し、大きな功徳《くどく》を実感しています。

一方、励《はげ》まされた人にとって、最も苦しかった時に、同苦して自分を激励《げきれい》・指導《しどう》してくれた同志の存在《そんざい》は、無二《むに》の友であり、終生《しゅうせい》、大恩《だいおん》の人となっています。

人間にとって今生《こんじょう》の最高最大の財産《ざいさん》は、どれだけの人と苦労を共にして励《はげ》まし、信心を奮《ふる》い立《た》たせてきたかという体験なんです」

（小説『新・人間革命』27巻「求道」）

自分も励《はげ》まされる

人を動かすのは人だ。心を揺《ゆ》さぶるのは心だ。直接《ちょくせつ》会う。会って語る。そこに生命の触発《しょくはつ》が生まれる。新しい出会いには刺激《しげき》があり、新鮮味《しんせんみ》がある。人を励《はげ》ませば、自分の心が励まされ、開かれていくのである。

（名誉会長と共に　今日も広布へ　聖教新聞2012年9月30日付）

強い結《むす》びつきの「絆《きずな》」ができる

「個人指導によって、先輩幹部《せんぱい》と会員の皆《みな》さんが結《むす》ばれていけば、その絆《きずな》は強い。大きな会合での指導だけの関係や、組織的な結びつきだけでは、絆は弱い。本当の信頼《しんらい》関係、人間関係はつくれないからです。（中略）

今、幹部の皆《みな》さんの、会合での指導と、個人指導の比率《ひりつ》は、八対二ぐらいではないかと思う。しかし、二対八を目標にしていけば、もっと人材が育ちます。学会も強くなっていきます。また、何よりも、幹部の皆さんが大きく成長していくことができます」

（小説『新・人間革命』26巻「勇将」）

手を差《さ》し伸《の》べるべき人がいる

「会合に出席している人だけが学会員ではありません。出たくとも、仕事など、さまざまな事情《じじょう》で参加できない人もいる。

また、悩《なや》みをかかえて悶々《もんもん》として、信心の喜びさえも失《う》せ、会合に出席する気力《きりょく》さえ、なくなってしまった人もいるかもしれない。

その人たちにこそ、最も温かい真剣《しんけん》な励《はげ》ましが必要なんです。

もし、会合の参加者にのみ焦点《しょうてん》を合わせ、組織が運営《うんえい》されていくなら、本来、指導の手を差《さ》し伸《の》べるべき多くの人を、見落《みお》としてしまうことになる」

（小説『人間革命』12巻「宣言」）

使命のない人はいない

誰《だれ》一人、使命のない人などいない。病《やまい》と闘《たたか》う人もいる。経済苦に挑《いど》む人もいる。どうしても会合に出られない場合もあろう。だからこそ訪問《ほうもん》・激励《げきれい》が大事だ。励《はげ》ましこそ光である。

（名誉会長と共に　新時代を駆ける　聖教新聞2015年8月22日付）

一軒《いっけん》一軒へ！――それが師の心

「私は、本来なら、会員の皆《みな》さんのお宅《たく》を一軒《いっけん》一軒訪問《ほうもん》し、共に勤行もし、語り合いたいんです。特に、さまざまな悩《なや》みをかかえて苦しんでいらっしゃる方とお会いし、肩《かた》を抱《だ》き、生命を揺《ゆ》さぶるように、励《はげ》ましたいんです。みんな、大切な仏子《ぶっし》だもの。その時間は、なかなか取れませんが、それが私の心です。また、それこそが、初代会長の牧口先生以来の、会長の心なんです」

（小説『新・人間革命』25巻「福光」）

②何度、足を運んでも会えない方や、会っても話を聞いてくれない方がいます

人に尽《つ》くす行動に自己《じこ》の向上《こうじょう》が

「時には〝どうして、道理《どうり》、真心《まごころ》が通《つう》じないのか〟と、投《な》げ出してしまいたい思いをすることも

あるでしょう。しかし、大変であるからこそ仏道修行《ぶつどうしゅぎょう》なんです。

人びとの幸せのために尽《つ》くす姿《すがた》は、仏《ほとけ》の使い以外の何ものでもありません。地涌《じゆ》の菩薩《ぼさつ》でなければ、決してできない尊《とうと》い行動です。

忘《わす》れないでいただきたいことは、会員の皆《みな》さんがいて、その成長のために心を砕《くだ》き、献身《けんしん》することによって、自己《じこ》の向上《こうじょう》があるということです。つまり、幹部にとって会員の皆さんは、すべて、人間革命、一生成仏《いっしょうじょうぶつ》へと導《みちび》く善知識《ぜんちしき》になると確信《かくしん》していただきたい」


（小説『新・人間革命』26巻「奮迅」）

絶対《ぜったい》に無駄《むだ》はない

学会活動は、自分自身の幸福のためである。
動いた人が勝つ。妙法《みょうほう》のために動いた分だけ、功徳《くどく》につながる。その行動が本末究竟《ほんまつくきょう》して、子孫にも福運《ふくうん》を広げていく。これが仏法《ぶっぽう》の因果《いんが》である。法華経《ほけきょう》であり、日蓮大聖人の教えである。私も、これを信じてやってきた。（中略）
わが同志が、広宣流布のために、一軒一軒《いっけんいっけん》、友のもとへ足を運び、誠意《せいい》をこめて仏法《ぶっぽう》の正義を語る行動が、どれほど尊《とうと》い振《ふ》る舞《ま》いであるか。社会への偉大《いだい》な貢献《こうけん》となるか。

信心に、絶対《ぜったい》に無駄《むだ》はない。広宣流布のための苦労は、自身の生命の大勲章《だいくんしょう》となって輝《かがや》く。

（北海道・東北・中部・北陸・信越合同研修会　聖教新聞２００７年８月30日付）

あきらめずに、何度でも！

行動を起こしたら続けることだ。何度でも繰《く》り返《かえ》し、あきらめず徹《てっ》して挑《いど》み抜《ぬ》いていくことだ。歴史上、この単純《たんじゅん》にして確固《かっこ》たる信念を持たずに、偉大《いだい》な事業が成《な》されたことは何一つとしてないだろう。

戸田先生は会長就任式《しゅうにんしき》で、「広宣流布」という民衆《みんしゅう》平和の大事業の遂行《すいこう》を、大空に翻《ひるがえ》る大旗《たいき》のように明確《めいかく》に掲《かか》げられた。

すなわち、広宣流布は「一対一の膝《ひざ》づめの対話」で成《な》し遂《と》げられると訴《うった》えられたのである。どこまでも目の前の一人と向き合い、誠実《せいじつ》な、親身《しんみ》な、粘《ねば》り強《づよ》い対話を積《つ》み重《かさ》ねていくことだ。

「続ける、繰《く》り返《かえ》す」――そこに広宣流布の王道もある。

（『随筆　平和への大道』２０１１年５月４日）

思いは必ず通じる

会えなければ、電話でもいい。心がつながればいい。「声仏事《こえぶつじ》を為《な》す」（御書七〇八ジペー）である。また「音《こえ》も惜《おし》まず」（同五〇四ジペー）とも仰《おお》せだ。真剣《しんけん》な声、誠実《せいじつ》な声、正義の声――そこに込《こ》めた思いは、必ず通じていく。

（名誉会長と共に　今日も広布へ　聖教新聞2012年9月30日付）

人の心を動かすのは「誠実《せいじつ》」

人の心をつかむ。心を動かす。そのためには何が大事か。「誠実《せいじつ》」の二字である。格好《かっこう》でもない。頭《あたま》でもない。「誠実の力学《りきがく》」こそが人間を動かすのだ。

（中略）

冷たい理屈《りくつ》だけでは人間は動かない。

励《はげ》ましがある。温かみがある。生き生きしている。

魅力《みりょく》がある。心配《こころくば》りがある。

あの人が来ると、ぱっと花が咲《さ》いたように盛《も》り上《あ》がる。元気が出る。

こう言われるような、名リーダーであっていただきたい。

（全国最高協議会　全集96巻）

相手に即《そく》して気《き》づかいながら

誠実《せいじつ》に、闊達《かったつ》に、聡明《そうめい》に友情を育《はぐく》むことが、そのまま大事な仏縁《ぶつえん》を結《むす》ぶことになる。

直接《ちょくせつ》会えずとも、連携《れんけい》を取る。声を掛《か》ける。「お元気ですか？」——その心のつながりが、人は嬉《うれ》しいものだ。相手に即《そく》して、家族のこと、仕事のこと、近況《きんきょう》などを気づかいながら語らえば、心と心はより深く通《かよ》い合う。

仏法《ぶっぽう》とは、最極《さいごく》の人間学の実践《じっせん》である。

（勝利の人間学　創価新報2015年7月15日付）

必ず立ち上がると信じて

わずか一日で、永遠《えいえん》の価値《かち》を生むこともできる。一時間でも、運命を変えてしまう場合もある。一瞬《いっしゅん》の〝ひとめぼれ〟で人生が決まることもある（笑い）。こうしたスピーチも、たった一時間である。しかし、だからこそ私は、この一時間を大事にする。全魂《ぜんこん》を打《う》ち込《こ》む。また五分でも十分でも、真剣《しんけん》に励《はげ》ませば、必ず立ち上がる人はいると信じ、実践《じっせん》してきた。

（本部幹部会　全集85巻）

③苦悩《くのう》しているメンバーと、どう接《せっ》していけばいいでしょうか？

そばにいてあげることです

そばにいてあげることです。一緒《いっしょ》にいて、話を聞いてあげる。一言《ひとこと》でも励《はげ》ましてあげる。それによって、苦しんでいる心に、パッと〝生《せい》〟の火がともる。

「自分のことを思ってくれる人がいる」――その手応《てごた》えが、苦悩《くのう》の人の生命空間を、すっと広げてくれるのです。他人や世界と〝共にある〟という実感があれば、必ず立ち上がることができる。それが生命のもっている力《ちから》です。だから、「善き縁《よきえん》」が大事なのです。仏法《ぶっぽう》でいう「善知識《ぜんちしき》」です。

（法華経の智慧　全集30巻）

真心からの声を

相手が大変な状況《じょうきょう》にある時こそ、真心からの声をかけていくことである。題目を送ってあげることだ。

たんなる「気休め」や「なぐさめ」ではない。信心を根本に、大きな希望に燃《も》えて立ち上がり、自信をもってふたたび前進していけるように、リードしてあげることである。

その人が悪縁《あくえん》に紛動《ふんどう》されて、不幸の方向へ流されないように、微動《びどう》だにしない「幸福の土台《どだい》」を固《かた》めてあげることだ。

広布に生きぬく人生は、絶対《ぜったい》に護《まも》られる。同志から、また諸天善神《しょてんぜんじん》から、そして仏菩薩《ぶつぼさつ》から、厳《げん》然《ぜん》と加護《かご》される。

これほど盤石《ばんじゃく》な、幸福と安穏《あんのん》の人生の軌道《きどう》はないのである。

（婦人部代表懇談会　全集96巻）

相手を思う一念《いちねん》で

形式主義《けいしきしゅぎ》になってはならない。権威《けんい》主義になってはならない。

ある場合には、「きょうの会合は、私が行《い》って話を聞いてきて、お伝えしますから、あなたは仕事に頑張《がんば》ってきてください」と言ってあげたほうがよい場合もある。そういう「思いやり」が、百万言《ひゃくまんげん》の「励《はげ》まし」になる。また、ある場合には、「仕事も活動も、全部、やりきることが、根本の福運《ふくうん》をつくることになるんですよ。今が宿命転換《しゅくめいてんかん》のチャンスですよ。「頑張りましょう」と激励《げきれい》したほうがよい場合もある。

厳《きび》しい内容《ないよう》の指導でも、相手を思う祈《いの》りが深ければ、通じるものです。また、慈愛《じあい》が強くなくては、本当のことを言ってあげることもできないでしょう。

いずれにしても、相手を思う一念《いちねん》があれば、いくらでも「智慧《ちえ》」は出るはずだ。

（法華経の智慧　全集31巻）

④苦難《くなん》に挑《いど》んでいるメンバーに、どんな言葉をかければいいでしょうか？

信心が破《やぶ》られないかぎり、負けない

人生に、乗《の》り越《こ》えられない困難《こんなん》はない。打ち勝てない試練《しれん》は、絶対《ぜったい》にない。人間には、はかりしれない力《ちから》が備《そな》わっている。大きな苦しみに耐《た》え、勝利してこそ、偉大《いだい》なる一生を生きることができ

るのだ。

いわんやわれわれには、無敵《むてき》の信仰《しんこう》がある。信心が破《やぶ》られないかぎり、人生に負けることは、断《だん》じてない。

（東京・東海道・東北代表協議会　全集94巻）

勝つと決めて進もう

御本尊を持《たも》つ人は、決して行き詰《づ》まらない。妙法《みょうほう》は、永遠《えいえん》の宇宙《うちゅう》の法則《ほうそく》だからである。それを持っているのだから、何があっても困《こま》らない！　絶対《ぜったい》に負けない！　この確信《かくしん》が信仰《しんこう》である。

それなのに、すぐに悲観《ひかん》し、弱気になるのは、信仰《しんこう》ではない。そういう「弱い心」だから、苦しんでしまう。永遠《えいえん》の大法則《だいほうそく》であるゆえに、勝つに決まっている！　幸福になるに決まっている！　楽しい人生になるに決まっている！　そう〝決めて〟胸《むね》を張《は》って進んでいただきたい。

妙法《みょうほう》に「帰命《きみょう》」すれば、自分自身が大宇宙《だいうちゅう》の仏《ほとけ》の生命の中に入る。わが身が即《そく》、妙法の当体《とうたい》と輝《かがや》き始める。この秘術《ひじゅつ》を日蓮大聖人は教えてくださっているのである。

（本部幹部会　全集90巻）

行き詰《づ》まった時こそ「貫《つらぬ》け！」

組織のこと、仕事のこと、人間関係のこと——当然、悩《なや》みや、行き詰《づ》まりはあるであろう。その時こそ、「貫《つらぬ》け！」。前進を貫いて、自分で自分を勝利させる以外に道はない。

生きることが、何となくもの憂《う》く感じられることもあるかもしれない。何かに「縛《しば》られている」ように感じる時。すべてが受け身になっている時。何となく迷《まよ》いが感じられる時。その時こそ、受け身の一念《いちねん》を逆転《ぎゃくてん》させて、「さあ、この道を貫《つらぬ》こう！」「きょうの使命を貫こう！」。こう決めていく時に、その一念のなかに、真実の「春」が到来《とうらい》する。花が咲《さ》いていく。

「貫《つらぬ》く」。それは私どもでいえば、題目をあげていこう、一人また一人に語っていこうという実践《じっせん》である。冬から春へ——転換《てんかん》の具体的な道を知っている私どもは、幸せである。

（本部幹部会　全集86巻）

祈《いの》れば、千倍、万倍の力《ちから》が

皆《みな》さまに、お題目を送ります。皆も祈《いの》っていただきたい。

「悪鬼入其身《あっきにゅうごしん》」の反対で、自身の生命に「梵天《ぼんてん》、帝釈《たいしゃく》、日天《にってん》、月天《がってん》よ、入《はい》りたまえ！」「全学会員に、わが地域のすべての同志の方々の生命に、梵天、帝釈、日天、月天よ、入りたまえ!」――こう祈《いの》れば、千倍、万倍の力《ちから》が出る。これが生命変革《へんかく》の「祈り」である。「信仰《しんこう》」である。人間革命への〝秘伝《ひでん》〟である。

(本部幹部会 全集91巻)

⑤家族が未入会で悩《なや》んでいるメンバーがいます

あせる必要も、苦しむ必要もない

皆《みな》さまの中には、家族が未入会の方もおられると思う。しかし、あせる必要はないし、苦しむ必要もない。信心をする、しないというのは、仏縁《ぶつえん》でもあり、さまざまな場合がある。

大切なのは信心をしている「一人」の存在《そんざい》である。一人の成仏《じょうぶつ》が、家族や親族など、周囲《しゅうい》の人々をも救っていく。一つの太陽が昇《のぼ》れば、一切が明るくなるのである。

(本部幹部会 全集86巻)

尊敬《そんけい》し、感謝《かんしゃ》していく

未入会であろうが、家族は家族です。信心しているからいいとか、戦っていないからダメだとか、形のうえだけで決めつけてはいけない。そんな垣根《かきね》なんか全部、取《と》り払《はら》って、だれに対しても誠実《せいじつ》に、礼儀正《れいぎただ》しく、常識豊《じょうしきゆた》かに接《せっ》していくべきです。

未入会家族と言っても、そのご主人がいるからこそ、奥さんは学会活動できるんだし、両親、舅《しゅうと》、姑《しゅうとめ》、そういう人が支《ささ》え、留守番《るすばん》してくださっているからこそ、安心して出かけられるのです。周囲《しゅうい》を尊敬《そんけい》し、感謝《かんしゃ》していくべきです。

（法華経の智慧　全集31巻）

本人の信念を深めることが根本

信仰《しんこう》のことで未入会家族が反対する場合も、じつは信仰そのものよりも、信仰している家族の振《ふ》る舞《ま》いについての不満の場合が多いのです。

夫婦間《かん》の問題を、信心にかこつけていることも多い。もちろん根本的には、自分自身の宿業《しゅくごう》の問題がある。三障四魔《さんしょうしま》の場合もある。ゆえに大聖人は「此《こ》の法門《ほうもん》のゆへには設《たと》ひ夫《おとこ》に害《がい》せらるるとも悔《く》ゆる事《こと》なかれ」（御書一〇八八ジペー）――この法門のためには、たとえ夫に殺されたとしても後悔《こうかい》してはならない――と教えられている。

「善《ぜん》に付《つ》け悪《あく》につけ法華経《ほけきょう》をすつるは地獄《じごく》の業《ごう》なるべし」（御書一二三二ジペー）です。どんなことがあっても、強盛《ごうじょう》な信心を貫《つらぬ》いていく。それが「幸福」の根本です。

自分の信心を深める。強くする。これが一切の根本です。それが一家一族全体を、幸福の軌道《きどう》に引《ひ》っ張《ぱ》っていくのです。そして、強盛《ごうじょう》な信心というのは、勇《いさ》ましい格好《かっこう》のことではない。相手の立場を思いやれる境涯《きょうがい》のことです。ちょっとした配慮《はいりょ》のなかに、きらりと光るものだ。

（法華経の智慧　全集31巻）

⑥ 大切な方を亡《な》くされた人に、どう接《せっ》し、何を伝えればよいでしょうか？

誠《せい》実《じつ》を尽《つ》くしてこそ

「生死《しょうじ》」の問題は、「こうなっています。こういう理屈《りくつ》です」と言うだけでは、解決《かいけつ》しない。悲嘆《ひたん》にくれている、涙《なみだ》にむせんでいる、固《かた》く心を閉《と》ざしている——その人のために、身を粉《こ》にし、誠実《せいじつ》を尽《つ》くしてこそ、心を「蘇生《そせい》」させられる。「妙《みょう》とは蘇生の義《ぎ》なり」(御書九四七ジペー)の実証《じっしょう》が出るのです。

(法華経の智慧　全集30巻)

三世《さんぜ》永遠《えいえん》の絆《きずな》で

三世《さんぜ》永遠《えいえん》の絆《きずな》で結《むす》ばれた妙法《みょうほう》の世界である。亡《な》くなられた故人《こじん》にとって、家族は〝遺族《いぞく》〟というよりも〝後継者《こうけいしゃ》〟なのである。

寿命《じゅみょう》も、福運《ふくうん》も、受《う》け継《つ》いで、不二《ふに》の生命で偉大《いだい》な使命を果《は》たしていくのだ。

(随筆　人間世紀の光　2009年4月8日　全集139巻)

悲しみ乗《の》り越《こ》え、希望の存在《そんざい》に

人生は、だれにも、愛する人との別れがある。しかし、「生命は永遠《えいえん》」であり、また、「生と死は不二《ふに》」である。

生きている人が悲しんでばかりいれば、亡《な》くなった人も悲しんでしまう。亡くなった人の生命も、使命も、願いも、自分が受《う》け継《つ》いで、その分、強くなり、その分、大きくなって、その分、長生きして、社会のために行動していくのである。

そういう悲しみを、乗《の》り越《こ》えた人こそが、同じような悲しみを味わう後輩《こうはい》たちを励《はげ》ますことができる。また、その人こそが、不幸な人々の「真《しん》の味方《みかた》」となり、「心の支《ささ》え」となり、「生きゆく希望」の存在《そんざい》となっていくことができる。

（関西創価小学・中学・高等学校卒業予定者の記念撮影会　全集58巻）

〝永遠《えいえん》の別れ〟ではない

愛する家族を病気や事故《じこ》などで亡《な》くされることがあるかもしれない。本当に悲しい、そして悔《くや》しい出来事《できごと》であると思う。

しかし妙法《みょうほう》を持《たも》ち、信心に励《はげ》んでいくならば、亡《な》くなった家族と生々世々《しょうじょうせせ》、同じ場所に生まれてくることができる。永遠《えいえん》に一緒《いっしょ》である。（中略）

生死《しょうじ》は不二《ふに》である。だから、さびしいことなどはない。絶対《ぜったい》に負けないで、生《い》き抜《ぬ》いていただきたい。

（信越最高協議会　聖教新聞2006年8月29日付）

題目の光で「楽《らく》」を与《あた》えていける

生命は永遠《えいえん》です。たとえば、苦しんで亡《な》くなった人がいる。死んでも、生命は苦悩《くのう》の境涯《きょうがい》の場合がある。悪夢《あくむ》にうなされながら眠《ねむ》っているようなものです。

皆《みな》さんが、その人のことを心に浮《う》かべて題目をあげれば、苦悩《くのう》する生命の「苦《く》」を、どんどん抜《ぬ》いていける。そして、題目の光を注《そそ》いで、「楽《らく》」を与《あた》えていけるのです。

（青春対話　全集64巻）

功徳《くどく》もすべて、回向《えこう》されていく

亡《な》くなられた人の分まで、生きて生きぬいて、広布のために前進していくのだ。

仏法《ぶっぽう》の法理《ほうり》から見れば、亡《な》くなられた人も、つねに一体で進んでいるのである。功徳《くどく》もすべて、回向《えこう》されていく。

（各部合同研修会　全集99巻）

⑦私たちの地区は、地域柄《がら》か、若い人が少ないのですが……

〝今いる同志〟ががっちり団結《だんけつ》を

この大変な時代のなかで、学会はどう進んでいくべきか。私も真剣《しんけん》に考えている。まずは青年の連帯《れんたい》を広げることだ。未来部の育成も重要な課題である。（中略）ともあれ、大事なことは、今いる学会の同志が、組織の上でも、人間的にも、がっちりと団結《だんけつ》していくことだ。一人が万人《まんにん》の力《ちから》を発揮《はっき》していくことだ。

（全国代表協議会　聖教新聞２００７年10月2日付）

我らが生き生きとしたモデルに

高齢者《こうれいしゃ》の方々が、「希望」と「誇《ほこ》り」と「喜び」に満《み》ちて生きられるか、どうか。ここにこそ、人間主義《しゅぎ》の社会のバロメーターがあることは、いうまでもない。

我らの創価の世界は、その生き生きとしたモデルを示《しめ》しゆくのだ。

（随筆　人間世紀の光　２００６年９月18日　全集１３７巻）

青年が生き生きと活躍《かつやく》できるよう

今は少子高齢化《しょうしこうれいか》の時代である。社会全体として、若《わか》い人が少なくなってきている。学会は青年部が弱くなったら、先細《さきぼそ》りになってしまう。青年部が強くなるよう、あらゆる手を打っていきたい。

そして壮年部の皆《みな》さんは、いつまでも青年の気概《きがい》で、若々《わかわか》しく戦っていただきたい。後輩《こうはい》たちが生き生きと活躍《かつやく》していけるよう、全力で応援《おうえん》してもらいたい。

（全国代表幹部協議会　聖教新聞２００６年９月29日付）

一人一人が「一騎当千《いっきとうせん》」に

日本では今、少子高齢化《しょうしこうれいか》が急速に進んでいる。多くの団体《だんたい》が未来への不安をいだいているとの指摘《してき》も多い。

しかし、子どもが少ないならば、一人一人を「一騎当千《いっきとうせん》」の人材に育てていこう、また多くの高《こう》齢者《れいしゃ》が生き生きと過《す》ごせる環境《かんきょう》をつくっていこう——こう前向きにとらえて、進んでいきたい。

（全国最高協議会　全集96巻）

⑧活動から遠ざかっている人に、どのように接《せつ》すればいいでしょうか？

真心込《こ》めて激励《げきれい》を

今、思うように会合に参加できない同志もいる。あるいは、組織《そしき》から遠ざかって久《ひさ》しい場合もあろう。

しかし皆《みな》、宿福深厚《しゅくふくじんこう》なるゆえに、妙法《みょうほう》を受持《じゅじ》した地涌《じゆ》の菩薩《ぼさつ》である。心田《しんでん》に蒔《ま》かれた仏種《ぶっしゅ》が、芽《め》吹《ぶ》き、育ち、花開いていかないわけがない。

だからこそ、強盛《ごうじょう》に題目を送り、「歓喜《かんき》の中の大歓喜」（御書七八八ジペー）の波動《はどう》を、友の生命に伝え広げていくのだ。真心込《こ》めて訪問《ほうもん》・激励《げきれい》を、粘《ねば》り強《づよ》く重《かさ》ねていくのだ。（中略）

たとえ、すぐに相手が発心《ほっしん》しなくとも、焦《あせ》ることはない。祈《いの》り、動き、打《う》ち込《こ》んだことは、「一《いち》念三千《ねんさんぜん》」の力用《りきゆう》で、未来までも変えていくからである。

（巻頭言　大白蓮華2016年4月号）

「いつでもいらっしゃい」と

「いろいろな境遇《きょうぐう》や立場で、思うように活動に参加できない人もいるでしょう。そのメンバーに対しても、『必ず春が来るように、時間的にも余裕《よゆう》がもてる時が来るから、その時はいつでもいらっしゃい』と言って、温かく励《はげ》ましてほしいのです」

（小説『新・人間革命』2巻「民衆の旗」）

“なぜ活動するのか”を語る

学会活動することの意味が理解《りかい》できずにいるのに、ただ、やれと言われたのでは、苦痛《くつう》に感じもしよう。そこで大切になるのが、納得《なっとく》の対話である。

「なぜ折伏《しゃくぶく》を行《ぎょう》ずる必要があるのか」「その実践《じっせん》を通して、自分は、どんな体験をつかんだのか」などを語っていくことである。

そして、相手が納得《なっとく》したら、一緒《いっしょ》に活動し、手取《てと》り足取《あしと》り教える思いで、功徳《くどく》の体験を積《つ》めるよう、応援《おうえん》していくことだ。信心に励《はげ》み、功力《くりき》を実感するなかで、真剣《しんけん》に活動に取り組もうとの思いが湧《わ》いてくるのである。

（小説『新・人間革命』「勝利島」 聖教新聞2015年7月24日付）

師匠に代わって、粘《ねば》り強《づよ》く

「学会員の皆《みな》さんが、元気はつらつと活動に励《はげ》み、幸せを嚙《か》み締《し》めている報告を聞くことほど、嬉《うれ》しいことはありません。しかし、その一方で、信心を反対されて活動に参加できない方や、さまざまな悩《なや》みをかかえて、一人で悶々《もんもん》としている方のことを、どうしても考えてしまうんです。どうか幹部の皆《みな》さんは、私に代わって、そうした方々とお会いし、包《つつ》み込《こ》むようにして励《はげ》ましていただきたい。手を取り、時には共に泣き、同苦して悲しみを分《わ》かち合《あ》っていただきたい。そして、真心を、全生命を注いで、粘《ねば》り強《づよ》く、力強く、信心のすばらしさを、仏法《ぶっぽう》の偉大《いだい》さを教えてあげてください。そこに、民衆《みんしゅう》の蘇生《そせい》があり、学会の使命があるんです」

（小説『新・人間革命』27巻「正義」）

労作業《ろうさぎょう》のなかに成長もある

会員のなかには、さまざまな人がいる。会って話すことを拒《こば》む人もいれば、子どものころに親と一緒《いっしょ》に入会してはいるが、自分は信仰《しんこう》をした覚《おぼ》えはないという人もいるかもしれない。あるいは、学会に著《いちじる》しく批判的《ひはんてき》な人もいるだろう。さらに、病苦や経済苦などに悩《なや》み、未来への希望を見いだせずに悶々《もんもん》としている人もいる。そうした人びとの家を訪《たず》ね、知恵《ちえ》を絞《しぼ》って対話の糸口《いとぐち》を探《さが》し、友情を結《むす》び、信仰《しんこう》の大切さを語り、勤行や教学を教えていくことは、並大抵《なみたいてい》のことではない。

それは、会合で話をしたり、行事《ぎょうじ》の運営《うんえい》をすることより、はるかに難《むずか》しいにちがいない。しかし、そこにこそ、自身の鍛錬《たんれん》がある。他者を育成《いくせい》するなかにこそ、自己《じこ》の成長もあるからだ。

また、その労作業《ろうさぎょう》のなかに、まことの仏道修行《ぶつどうしゅぎょう》がある。（中略）民衆《みんしゅう》のなかへ、友のなかへ、人間のなかへと、個人指導の歩みを進める人こそが、仏《ほとけ》の使いであり、まことの仏子《ぶっし》であり、真正《しんせい》の勇者といえるのだ。

（小説『新・人間革命』8巻「宝剣」）

大誠実《だいせいじつ》は心から消えない

会えば、心がつながる。誠意《せいい》の声が人を力《ちから》づける。その方々から、希望のスクラムがさらに広がる。

たとえ反発《はんぱつ》があっても、大誠実《だいせいじつ》は心から消えない。敵《てき》さえ味方に変わるのだ。

一対一の対話こそが、壁《かべ》を破《やぶ》り、新しい道を開く。

（SGI会長と共に　新時代を創る　聖教新聞2016年1月30日付）

⑨訪問激励《ほうもんげきれい》で気を付けることは何でしょうか？

こまやかな心遣《こころづか》いを

皆《みな》、それぞれに家庭の事情《じじょう》がある。食事や就寝《しゅうしん》時間など、生活の時間帯《たい》も、家庭によって異《こと》なる。

さらに、病気の家族がいるお宅《たく》もあれば、受験生がいるお宅もある。また、家族が未入会の場合もある。訪問《ほうもん》する際《さい》には、事前《じぜん》に連絡《れんらく》をして伺《うかが》うなどのマナーも、当然、心掛《こころが》けなければならないし、玄関先《げんかんさき》で会話をすませるなどの配慮《はいりょ》も大切である。

また、自宅《じたく》を座談会場などとして提供《ていきょう》してくださっている家庭に対しては、特に、こまやかな心《こころ》遣《づか》いが必要であろう。

（小説『新・人間革命』23巻「勇気」）

常識《じょうしき》豊《ゆた》かに、礼儀《れいぎ》正《ただ》しく

同志の家を訪問《ほうもん》するさいも、家に入る時、帰る時のあいさつをはじめ、きちんと礼儀《れいぎ》をわきまえるべきである。

また、メンバーと話をするときには、役職の上下に関係なく、たがいに同志として尊敬《そんけい》し、ていねいに応対《おうたい》するべきである。

「常識豊《じょうしきゆた》かに」「礼儀正《れいぎただ》しく」、人格《じんかく》の光る振《ふ》る舞《ま》いこそ、信仰者《しんこうしゃ》の証《あかし》であることを忘《わす》れてはならない。

（カナダ代表者会議　全集83巻）

お子さんにも配慮《はいりょ》を

ある日本の作家は、「子供というものはなんにも知らん顔をしてなんでも知っているものだ」(『化粧と口笛』、『川端康成全集』5所収、新潮社)と書いている。

ゆえに、個人指導をする場合も、お子さんに配慮《はいりょ》していただきたい。他の家族の方にも、最大の礼儀《れいぎ》で接《せっ》することは当然である。

とくに小さな子どもに対しては、こちらもあまり意識《いしき》しない場合がある。しかし、どんな小さな子どもでも、全部、こちらの振《ふ》る舞《ま》いをじっと見ている。私たちの言動《げんどう》を通して、その子どもは学会のこと、信心のことを判断《はんだん》していく。

しかも子どもには、大人が想像《そうぞう》もできない鋭《するど》い触角《しょっかく》がある。たとえば、お父さん、お母さんが、幹部《かんぶ》から指導されている姿《すがた》を見て、「お父さん、お母さんを叱《しか》っている」「いじめている」と思う子どももいるかもしれない。

それは指導の口調《くちょう》や言葉づかいにもよる。優《やさ》しく、ていねいでなければならない。

これは訪問《ほうもん》指導だけではない。会合や、外で会ったときも同じである。(タイ最高会議　全集84巻)

⑩私には、人に語れるような経験《けいけん》や力《ちから》はないのですが……

うまく話せなくても

うまく話せなくても、くよくよせず、カラッと前へ進むのだ。誇《ほこ》り高い仏《ほとけ》の仕事だ。全部、立派《りっぱ》な指導者になる修行《しゅぎょう》である。きょうも一軒《いっけん》、きょうも一人と、広布のために動き語った分、境涯《きょうがい》が深まり、福徳《ふくとく》も輝《かがや》くのです。

（名誉会長と共に　新時代を開く　聖教新聞2014年3月23日付）

ありのままの自分でいい

「自分をよく見せよう」とか「うまく話をしよう」などと思ってはいけない。思う必要もない。大事なのは、「うまく話す」ことではなく、仏法《ぶっぽう》の指導をすることである。

快活《かいかつ》に、誠実《せいじつ》に、ありのままの自分でいい。真実を語る。体験を語る。御書を語る。確信《かくしん》を語る。そこに人間的魅力《みりょく》が光っていく。

（全国最高協議会　全集96巻）

聞くことが励《はげ》ましに

対話で大切なのは、「よく聞く」ことだ。「聞くこと」は「学ぶこと」であり、それだけ世界が広がる。尊敬《そんけい》の心をもって、誠実《せいじつ》に接《せっ》していけば、対話は自然にはずむ。

心を通《かよ》わしていくために対話はあるのだ。いにしえの哲人《てつじん》が言ったように、口《くち》が一つなのに、耳が二つあることは、話す二倍、聞くためである。

聞いてもらうだけで、悩《なや》みが晴れる場合もある。話しているうちに答えが見えてくることもある。お互《たが》いに、新たな高みへと向上《こうじょう》していけるのが、対話の不思議な力《ちから》である。

ゆえに、「熱心に聞くこと」それ自体が、大きな「励《はげ》まし」になっていくのだ。

（『勝利の人間学』）

ほめ讃《たた》える人に

リーダーは、同志《どうし》をほめ讃《たた》える人であってほしい。言葉が力《ちから》である。言葉が心である。何より、リーダーは、しゃべることだ。黙《だま》っていてはいけない。真剣《しんけん》に戦ってくださっている同志には、

「ご苦労さまです」「ありがとうございます」と感謝《かんしゃ》の言葉をかけていっていただきたい。

（神奈川・静岡合同協議会　全集100巻）

一緒《いっしょ》に祈《いの》っていこう

「経験《けいけん》は、これから積《つ》めばいいんです。学会は指導主義《しゅぎ》です。（中略）指導というのは、進むべき道を指《さ》し示《しめ》し、ともに進んでいくことです。したがって、御書にはこう仰《おお》せである、学会ではこう教えていると、語っていけばいいんです。そして、一緒《いっしょ》に、その人の幸せを祈《いの》ってあげることです。これは、誰《だれ》にでもできることだが、人間として最も尊《とうと》い行為《こうい》です。自分のために、祈《いの》ってくれる同志がいるということほど、心強《こころづよ》いことはありません。それが、最大の力《ちから》になり、激励《げきれい》になります」

（小説『新・人間革命』1巻「開拓者」）

⑪なかなか祈《いの》りが叶《かな》わないと嘆《なげ》く人には――

より強い人間、より深い人生になる

時として、祈《いの》りが叶《かな》わないように見えるのは、なぜなのか。

それは、より祈《いの》りが深くなるように、また、より強い人間、より深い人生になれるように、そして、より深き福運《ふくうん》を、がっちりとつけるように、との御仏智《ごぶっち》なのである。

何でも、ちょっと祈《いの》って、すぐに叶《かな》ったのでは、人間は堕落《だらく》してしまう。これでは立派《りっぱ》な人生が築《きず》けるわけがない。会社に働きに行っても、その日に給料がもらえるわけではない。木を植《う》えても、すぐに大きくなるものではない。

本当に深き祈《いの》りも、死《し》にもの狂《ぐる》いの努力もなくして、簡単《かんたん》に祈りが叶《かな》ってしまえば、人間を堕落《だらく》させるだけである。それでは偉大《いだい》な人間をつくる仏法《ぶっぽう》ではなく、人間を破壊《はかい》する仏法になってしまう。

（本部幹部会　全集89巻）

祈《いの》りは「叶《かな》うまで続ける」

「叶《かな》う、叶わない」には、さまざまな要因《よういん》がある。

ゆえに、大切なことは、祈《いの》りは「叶《かな》うまで続ける」ことである。祈り続けることによって、自分を厳《きび》しく見つめることもできるし、地道《じみち》な努力の軌道《きどう》へと、生活を向上《こうじょう》させることもできる。

かりに具体的な結果がすぐには出ない場合でも、祈《いの》り続けた人は、何かのときに、結果として祈り以上の現証《げんしょう》があらわれたり、また大きく守られていくのである。

たとえば仕事のことを祈《いの》ったとしても、それだけでなく、より広く、大きく、人生万般《ばんぱん》にわたって、幸福の方向へと軌道修正《きどうしゅうせい》されていく。あとから振《ふ》り返《かえ》って、「これで良かったんだ」という所《しょ》願満足《がんまんぞく》の自分に、必ずなっていくのである。

要するに、その人が本当に幸福になり、立派《りっぱ》になるための祈《いの》りであれば、必ず叶《かな》う。すぐには結果が現《あらわ》れない場合でも、長い目で見れば、絶対《ぜったい》に叶っていくのである。

（本部幹部会　全集89巻）

4——壮《そう》年《ねん》部の活動

①仕事で忙《いそが》しく、なかなか会合に参加できないのですが……

求道心を後《こう》退《たい》させてはいけない

「職場《しょくば》の第一人者をめざして懸命《けんめい》に働いていれば、忙《いそが》しいに決まっています。定時《ていじ》に退社《たいしゃ》し、夜は自由に飛び回ることができ、日曜や祝日は必ず休めるという人の方が、むしろ少ないかもしれません。

多忙《たぼう》ななかで、いかに時間をつくりだすかが既《すで》に戦いなんです。少しでも早く、見事に仕事を仕《し》上《あ》げて活動に出ようと、必死に努力することから、仏道修行《ぶつどうしゅぎょう》は始まっています。自分の生命が鍛《きた》えられているんです。この挑戦《ちょうせん》を重《かさ》ねていけば、凝縮《ぎょうしゅく》された時間の使い方、生き方ができるようになります。平日は、どうしても動けないのなら、日曜などに、一週間分、一カ月分に相当《そうとう》するような充実《じゅうじつ》した活動をするという方法もあります。

たとえ会合に出られないことがあっても、広宣流布に生き抜こうという信心を、求道心を、一歩たりとも後退《こうたい》させてはなりません。

『極楽百年《ごくらくひゃくねん》の修行《しゅぎょう》は穢土《えど》の一日《いちにち》の功徳《くどく》に及《およ》ばず』（御書三二九ジペー）との御文《ごもん》がありますが、大変な状況《じょうきょう》のなかで、信心に励《はげ》むからこそ、それだけ功徳も大きいんです」

（小説『新・人間革命』26巻「奮迅」）

心を決めれば事態《じたい》は変わっていく

「仕事が忙《いそが》しく、会合に出られない時こそ、〝必ず、活動に参加できるようになろう〟と、心に決めるんです。その一念が成長につながっていくし、やがて事態《じたい》を変えていく力《ちから》になっていきます。そして、一生懸命《いっしょうけんめい》に、御書をはじめ、『聖教新聞』などを読み、学会活動できるように真剣《しんけん》に唱題するんです。また、少しでも時間を見つけては、同志と会い、広宣流布への決意を新たにしていくことが大切です」

（小説『新・人間革命』27巻「激闘」）

智慧《ちえ》を使い、連携《れんけい》を

仕事が忙《いそが》しくて、地区の活動に間《ま》に合《あ》わない時も、参加できない時もあるだろう。しかし、その場に行けなくても、報告《ほうこく》・連絡《れんらく》はできる。智慧《ちえ》を使い、連携《れんけい》を取り合っていく。その呼吸《こきゅう》の一致《いっち》から、波動《はどう》は生まれる。

（『勝利の人間学』）

②活動する壮年部員が少なくて悩《なや》んでいます

人材は必ずいる

激《はげ》しい大阪の戦いの中で、一人の幹部が「わが地域には人材がいません」と悩《なや》みを口《くち》にした。

私は強く申《もう》し上《あ》げた。

「人材は必ずいるよ。そう決めて題目をあげていきなさい」と。

そのリーダーは、私の言った通りに祈《いの》り抜き、新たな心で、地区を回ってみた。すると、実は「皆《みな》が人材」であることに気づいたというのである。

「いない」と決め込《こ》み、自分の目に見えなくなっていたのだ。信心の眼《まなこ》を開いて見れば、かけがえのない同志と共に戦える感謝《かんしゃ》と喜びが湧《わ》いてくる。

（『随筆　我らの勝利の大道』　2010年6月6日）

一人立てば人材が現《あらわ》れる

我が地域に人材がいないと嘆《なげ》く前に、まず祈《いの》るのです。広宣流布は御仏意《ごぶっち》です。仏事《ぶつじ》です。仏《ほとけ》の業《ぎょう》です。ならば、どの地にも「地涌《じゆ》の菩薩《ぼさつ》」を大聖人が派遣《はけん》してくださらないわけがない。人材がいないのではなく、「見えない」だけです。本気になって祈るのです。

また「自分が全責任《ぜんせきにん》を担《にな》っていくのだ」と一人立つことです。その一念《いちねん》に呼応《こおう》して、人材が現《あらわ》れてくるのです。

誠実一途《せいじついちず》でいくんです、創価学会は。信心は。

（法華経の智慧　全集31巻）

誰《だれ》にも「黄金《おうごん》の輝《かがや》き」がある

牧口先生は、学会の同志をこうたたえておられる。

「諸君《しょくん》は真に『砂中《さちゅう》の金《きん》』である。金は金でも初めからの金ではなかった。光ってはいなかった。泥《どろ》まみれの石であった。それがひとたび見出《みいだ》されてみると、立派《りっぱ》な金として光っておられる」と。

人はだれでも、その中に「黄金《おうごん》の輝《かがや》き」をもっている。その黄金の光を、どのように輝かせてあげるか。このことをつねに考え、実現《じつげん》するのが指導者である。

大勢《おおぜい》の人と会うことも大事、広く動くことも大事である。しかし、それは何のためか。結局は、「金《きん》の人材」を見つけ、育て、その「黄金《おうごん》の光」を輝《かがや》きださせるためである。その〝一点〟を忘《わす》れてはならない。

ゆえに戸田先生は、牧口先生のお心を継《つ》がれて獅子吼《ししく》された。

「学会は人材の城《しろ》を築《きず》け！」と。

「人材の城《しろ》」――私どもの永遠《えいえん》の指針《ししん》である。人材で戦い、人材で勝ち、人材で永遠《えいえん》に道を開く。

これが、学会のモットーである。

（本部幹部会　全集84巻）

③ 婦人部、青年部に、どう接《せっ》していくべきでしょうか？

「優《やさ》しさ」「礼儀《れいぎ》」と「信頼《しんらい》」「誠実《せいじつ》」

婦人部に対しては、心からの「優《やさ》しさ」と「礼儀《れいぎ》」をもって接《せっ》することである。かりにも、婦人を叱《しか》ったり、いばったりすることがあってはならない。どうも、家で奥さんに頭《あたま》が上がらない男性ほど、他の婦人にいばる傾向《けいこう》があるようだ。（笑い）

また、ふざけた、軽視《けいし》の心があってはならない。紳士《しんし》として、婦人を最大に尊敬《そんけい》し、どこまでも優《やさ》しく、礼儀正《れいぎただ》しくあっていただきたい。

さらに、未来を託《たく》す男子部には、絶対《ぜったい》の「信頼《しんらい》」をもって接《せっ》することである。信頼の心が伝われば、人材は伸《の》びていく。そして女子部は潔癖《けっぺき》が身上《しんじょう》であり、いいかげんなことはいちばん嫌《きら》われる。「約束は必ず守る」など、裏表《うらおもて》なく誠実《せいじつ》に接していくべきである。

これらの点を、各部に対する一つの原則《げんそく》として、言い残しておきたい。

（全国壮年部幹部会　全集75巻）

「何でも語りあえる雰囲気《ふんいき》」を大切に

どこまでも耳をかたむける。言《い》い分《ぶん》は何でも受けとめる。これが御本仏《ごほんぶつ》の大きな慈愛《じあい》であり、大きな心であられた。

学会もまた、何でも語りあえる雰囲気《ふんいき》を大切にしていきたい。そうでないと伸《の》びないし、発展《はってん》は続かない。上から下への命令だけでは、官僚主義《かんりょうしゅぎ》である。組織は硬直《こうちょく》し、人間まで硬直させてしまう。そんなことは絶対《ぜったい》にあってはならない。

学会は人間の世界である。魂《たましい》の世界である。心の世界である。慈悲《じひ》の世界である。あくまでも人と人の団結《だんけつ》と触発《しょくはつ》の世界である。だから強い。これを大切にすれば、学会は永遠《えいえん》に発展《はってん》できる。

何でも語りあえる雰囲気《ふんいき》——これを学会は根本にすることを宣言《せんげん》しておきたい。

（本部幹部会　全集89巻）

仏子《ぶっし》を尊敬《そんけい》し、愛情《あいじょう》をもって

一人の友を、これ以上できないというぐらいに、徹底《てってい》して守り、してあげられることは、すべて実行しようと心をくだいていく。仏子《ぶっし》を心から尊敬《そんけい》し、愛情《あいじょう》をもってつつんであげる。その人が真実の人材であり、リーダーなのである。

（アメリカSGI最高会議　全集74巻）

④未来部には、何を伝えていくことが大切ですか？

後継《こうけい》の友に「師子王《ししおう》の心」を

御聖訓《ごせいくん》には「師子王《ししおう》は百獣《ひゃくじゅう》にをぢず・師子《しし》の子《こ》・又《また》かくのごとし」（御書一一九〇ジペー）と仰《おお》せであります。

師子《しし》でなければ師子は育てられません。

いかなる試練《しれん》もいかなる魔軍《まぐん》も、断固《だんこ》として勝ち越《こ》えてゆく「師子王《ししおう》の心」を、皆《みな》さま方が、後《こう》継《けい》の友に、堂々《どうどう》と示《しめ》し、伝えていただきたいのです。

若《わか》き生命は、一言《ひとこと》の励《はげ》ましで、大きく変わる。

皆《みな》さま方の「確信《かくしん》の声」「正義の声」「勇気の声」が、どれほど心強《こころづよ》いか。

恩師《おんし》・戸田先生は、よく話されていました。

「人生には、さまざまなことがある。ゆえに必ず、何でも相談できる人を一人、心に置いておくことが大事である」

どうか、未来部が何でも相談できる良き先輩《せんぱい》として、昇《のぼ》りゆく朝日のごとく「創価後継《こうけい》の太陽」を輝《かがや》かせていってください。

（21世紀使命会研修へのメッセージ　聖教新聞2008年7月15日付）

親孝行《おやこうこう》の人に

学生部、未来部の皆さんは、親孝行《おやこうこう》の人であってください。

今はまだできないけれども、いつかは必ず偉《えら》くなって、お父さん、お母さんに楽をさせてあげるんだ。立派《りっぱ》になって喜んでもらうんだ――そう決意できる人は強い。親孝行《おやこうこう》をしようという心が、自分自身を成長させるのです。

また皆さんは、ご両親に感謝《かんしゃ》の言葉を伝えていける人であってほしい。心で思っていても、それだけでは伝わらないものです。だから、勇気を出して、劇《げき》を演《えん》じるようなつもりで、心の思いを言葉にしていくのです。

〝きょうは、私が食事の用意をしますから、ゆっくり休んでいてください。いつもありがとうございます〝しっかり勉強していますから、心配しないでください。将来《しょうらい》、必ず力《ちから》をつけて、世界中、旅行に連《つ》れて行ってあげますから〟等々――なんでもいいのです。

お父さん、お母さんにとって、皆さんの真心の言葉が、どれほどうれしいか。また、皆さんも、どれほど気持ちがすっきりするか。どうか、聡明《そうめい》で朗《ほが》らかな家庭をつくっていける諸君《しょくん》であってください。

（パラグアイ・国立イタプア大学「名誉博士号」授与式　全集98巻）

⑤座談会の大切さとは

歓喜《かんき》と安穏《あんのん》のオアシス

座談会があればこそ、私たちは仏法《ぶっぽう》に巡《めぐ》りあうことができた。

座談会があればこそ、皆《みな》で励《はげ》まし合い、悩《なや》みを乗《の》り越《こ》えられる。

座談会があればこそ、わが地域に歓喜《かんき》と安穏《あんのん》のオアシスを築《きず》き、月月《つきづき》・日日《ひび》にたゆまぬリズムで無量《むりょう》の価値《かち》を創造《そうぞう》していけるのだ。

座談会を中心とする創価の会合は、法華経《ほけきょう》に完璧《かんぺき》に則《のっと》り、御書に寸分違《すんぶんたが》わぬ「仏《ほとけ》の会座《えざ》」である。これほど尊極《そんごく》の集《つど》いはない。

法華経《ほけきょう》の随喜功徳品《ずいきくどくほん》に説《と》かれる通り、妙法《みょうほう》の会合へ「共に行こう」と誘《さそ》う功徳《くどく》も、「一人の友を連れて来る」功徳も、「来た人を温かく迎《むか》えて座《ざ》を分《わ》かち合《あ》う」功徳も、いずれも絶大《ぜつだい》だ。

（巻頭言　大白蓮華２０１０年10月号）

一人を励《はげ》まし抜く集い

「伝統《でんとう》の座談会」と呼《よ》ぶのも、〝長年、続いている〟からではない。座談会を根本に、一人一人を大事にしてきた、その「心」が、学会の伝統なのです。

学会はつねに、無名《むめい》にして健気《けなげ》なる「民衆《みんしゅう》」を、励《はげ》ましぬいてきたのです。そこに座談会の〝魂《たましい》〟がある。

（法華経の智慧　全集29巻）

社会に開かれた対話の場

会員に限《かぎ》らず友人等も参加し、忌憚《きたん》なく意見を交換《こうかん》し合う座談会は、「社会に開かれた対話の広場」であり、弘教《ぐきょう》の法戦場《ほうせんじょう》であった。

人びとは、座談会を通して、創価学会を実感として知り、認識《にんしき》を深めていくのだ。

（小説『新・人間革命』13巻「北斗」）

⑥中心者を支《ささ》える心構《こころがま》えを教えてください

一歩たりとも退《しりぞ》いてはならない

「副役職者の観点《かんてん》から、根本姿勢《しせい》を述《の》べておきます。それは、正役職ではないからといって、遠慮《えんりょ》し、活動に消極的《しょうきょくてき》になったり、組織から遠ざかるようなことがあっては、絶対《ぜったい》にならないということです。組織から離《はな》れると、責任《せきにん》がなくなってしまう。広宣流布の責任を、どこまで担《にな》っているかが、信心のバロメーターです。

組織を離《はな》れれば、自由でいいように思えるかもしれないが、自分を磨《みが》き、人間革命し、大きく進歩、成長していく場を失《うしな》ってしまうことになります。組織につき切って戦い抜いた人と、離《はな》れていった人とでは、二年、三年、五年とたった時に、その差は歴然《れきぜん》と現《あらわ》れます。組織を離れていった人は、後になって、必ず悔《く》やむことでしょう。

（中略）

副役職の人のなかには、仕事など、さまざまな事情《じじょう》で、思うように活動の時間を取れない人もいるでしょう。たとえ、時間的には制約《せいやく》があったとしても、戦う一念《いちねん》は、一歩たりとも退《しりぞ》いてはならない」

（小説『新・人間革命』22巻「波濤」）

「長《ちょう》」と同じ目的観、同じ理想に立つ

支部幹事《かんじ》の私と、支部長とは、よく連携《れんけい》を取り合い、戸田先生の構想実現《こうそうじつげん》へ、心を合わせていった。

支部幹事《かんじ》は、「副役職」である。支部長と同じ目的観、同じ理想に立ち、支部長を補佐《ほさ》するのが役目である。

「支部長を支《ささ》え、必ず日本一の支部に！」

私は、支部幹事《かんじ》の模範《もはん》をつくろうと戦い抜いた。

「位置が人を高尚《こうしょう》にせず、人が位置を有名にす」とは、西洋古代の箴言《しんげん》である。

役職が、人を輝《かがや》かすのでは断《だん》じてない。人が、役職を光り輝かせるのだ。

（随筆　新・人間革命　2001年10月4日　全集132巻）

自分の責任範囲《せきにんはんい》を明確《めいかく》に

「副役職」の人は、自分の責任範囲《せきにんはんい》を明確《めいかく》にすることである。具体的に責任を自覚《じかく》し、責任を果《は》たすことによって、成長も歓喜《かんき》も功徳《くどく》も生まれる。

（創価学会春季彼岸勤行法要　全集86巻）

「異体同心《いたいどうしん》」の要《かなめ》

副役職の方々をはじめ、中心者を支《ささ》える先輩《せんぱい》・同志《どうし》は、「異体同心《いたいどうしん》」の要《かなめ》だ。

私は、蒲田支部《かまたしぶ》の「二月闘争《とうそう》」の時も、さらに文京支部の「大前進」の折も、正役職ではなかった。副役職の支部幹事《かんじ》であり、支部長代理であった。しかし、「必ず日本一の支部長にします！」と、真剣《しんけん》に守り抜き、誠実《せいじつ》に支《ささ》え切った。

心臓部《しんぞうぶ》は目に見えない。それでいて皆《みな》に力《ちから》を送る。自分は脚光《きゃっこう》を浴《あ》びなくとも、友をもり立てて、目覚《めざ》ましい躍進《やくしん》を成《な》し遂《と》げていく人は、最も気高《けだか》き陰徳《いんとく》を積《つ》んでいるのである。

後輩《こうはい》の成長を喜ぶ心が大切

「免《めん》ぜらるるも懼《おそ》れず」――人事で交代があっても、驚《おどろ》かず恐《おそ》れない。学会の人事でいえば、これまでの自分の役職に後輩《こうはい》が就《つ》く場合などが考えられよう。いい人材を、どんどん伸《の》ばしていく。後輩の成長を喜んでいく心が大切である。

(本部幹部会　聖教新聞2008年2月14日付)

(『随筆　出発の光』2009年12月29日)

名聞《みょうもん》に執着《しゅうちゃく》する心を打《う》ち破《やぶ》る

「正役職から副役職になった時など、自分が軽視《けいし》されたように思《おも》い込《こ》んで、新しく幹部に登用《とうよう》された人を嫉妬《しっと》し、学会活動への意欲《いよく》をなくしてしまう人がいます。それは『虚称《こしょう》(=虚妄《こもう》の名聞《みょうもん》に執着《しゅうちゃく》すること)』の心によるものです。その心を打《う》ち破《やぶ》っていく戦いが信心なんです」

(小説『新・人間革命』27巻「激闘」)

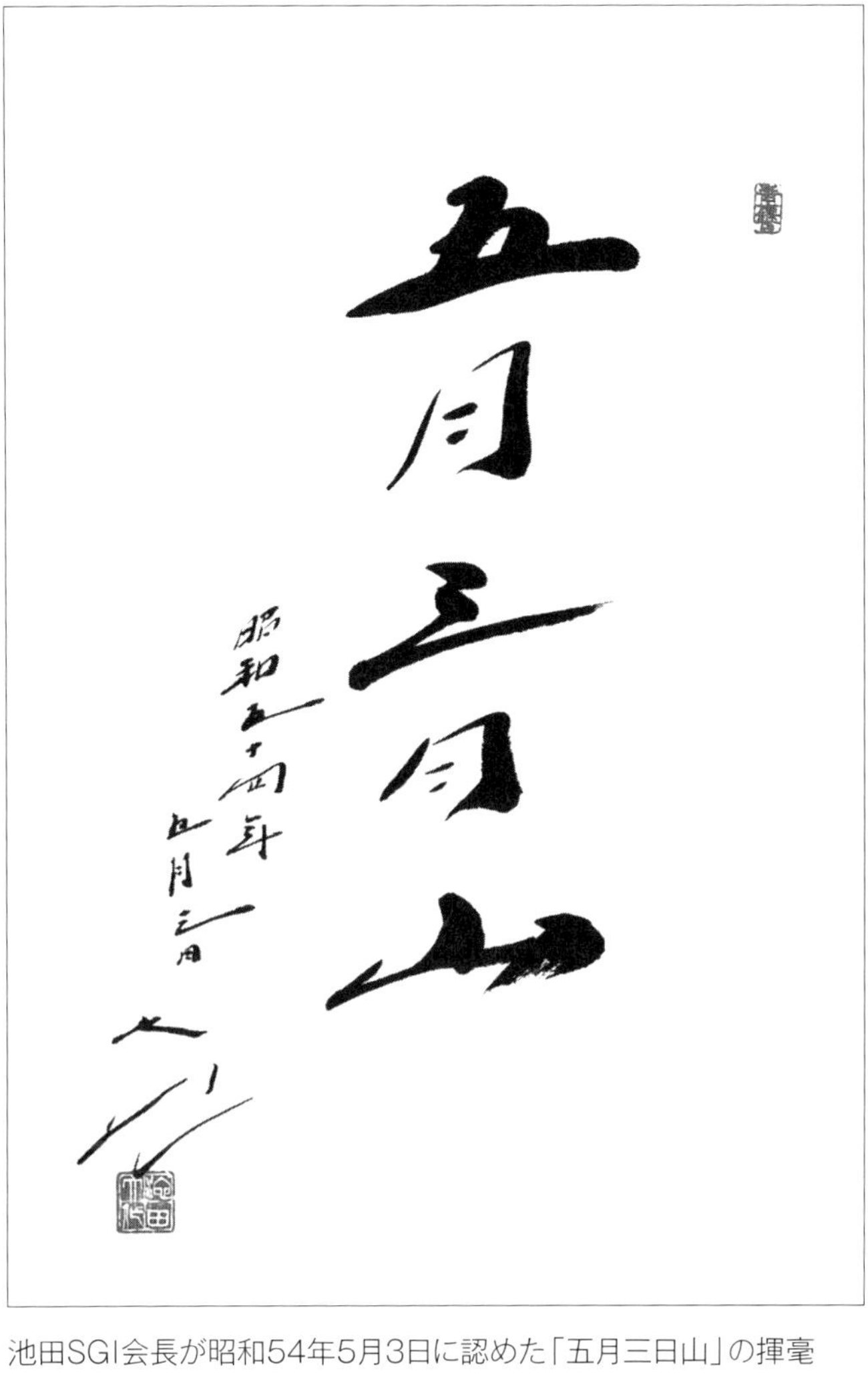

池田SGI会長が昭和54年5月3日に認めた「五月三日山」の揮毫

5——教学研さん

①教学を学ぶ大切さ

学ぶ心そのものが勝利の信行《しんぎょう》

仏法《ぶっぽう》を学ぼうという求道心そのものが、勝利の信行《しんぎょう》であるといってよい。全員が「幸福と平和の博士」であり、「人間主義《しゅぎ》の哲学《てつがく》博士」である。

（随筆　新・人間革命　2003年8月1日　全集134巻）

〝いざという時に強い人〟になる

御書は「信心の背骨《せぼね》」であり、ゆえに確固不動《かっこふどう》の「人格《じんかく》の背骨《せぼね》」となるのだ。

さらに、「言論戦《げんろんせん》の柱」である。万人《ばんにん》の幸福の大道を開く「希望の経典《きょうてん》」であり、「勇気と智慧《ちえ》の源泉《げんせん》」である。

教学こそ、危険千万《きけんせんばん》な人生の荒海《あらうみ》を渡《わた》るための羅針盤《らしんばん》の大哲学《だいてつがく》なのである。

教学が強くなれば、信心はさらに強くなる。反対に強靱《きょうじん》な〝背骨《せぼね》〟がなければ、いざという時に弱い。

あの戦時中の学会弾圧《だんあつ》で、投獄《とうごく》された幹部は次々に退転《たいてん》した。「結局、教学がなかったからだ!」と、戸田城聖先生は憤激《ふんげき》された。

蓮祖《れんそ》が、「つたな《拙》き者《もの》のならひは約束《やくそく》せし事《こと》を・まことの時《とき》はわするるなるべし」(御書二三四ページ)と叱咤《しった》された通りの姿《すがた》であった。

この「まことの時《とき》」に強い人は、例外《れいがい》なく、御書を生命に刻《きざ》んだ人である。

(随筆 人間世紀の光 2005年10月13日 全集137巻)

無限《むげん》の勇気、最高の力《ちから》を発揮《はっき》

「広布推進《すいしん》の原動力のための教学」である。

御書には、日蓮仏法《ぶっぽう》の正義《せいぎ》が、破邪顕正《はじゃけんせい》の折伏《しゃくぶく》・弘教《ぐきょう》の道が示《しめ》されている。

また、広宣流布の戦いに臨《のぞ》む姿勢《しせい》も、仏法《ぶっぽう》指導者の在《あ》り方《かた》も、人材育成の要諦《ようてい》も、余《あま》すところなく説《と》き明《あ》かされている。

御書を学ぶことは、大聖人の御精神にふれることである。御本仏《ごほんぶつ》より、広宣流布の御指南《ごしなん》を仰《あお》ぎ、最大の励《はげ》ましをいただくことでもある。

その御書に仰《おお》せのとおりに行動してこそ、初めて、教学を学んだことになる。いわば「実践《じっせん》の教学」なくして、仏法《ぶっぽう》の研鑽《けんさん》はない。

また、そこに、無限《むげん》の勇気が湧《わ》き、最高の力《ちから》を発揮《はっき》することができるのだ。

（随筆　新・人間革命　1998年8月19日　全集129巻）

人生の行き詰《づ》まりがなくなる

「不思議なもので、御書を拝《はい》すれば、他の一切のものがやすやすと読めるようになる。生活のことも、明確《めいかく》な判断《はんだん》ができるようになる。

ゆえに、人生には行き詰《づ》まりはないのだ」と、戸田先生は確信《かくしん》を持たれていた。

全く恩師《おんし》の言われた通りである。仏法《ぶっぽう》は、人生の絶対《ぜったい》勝利の法理《ほうり》である。宿命転換《しゅくめいてんかん》、変毒為薬《へんどくいやく》の宗教《しゅうきょう》である。人間革命の希望の哲学《てつがく》である。

（随筆　人間世紀の光　2007年10月19日　全集138巻）

疲《つか》れた時の「希望」「勇気」となる

私たちには、御書がある。これほど強いことはない。「法華経《ほけきょう》に勝《まさ》る兵法《へいほう》なし」です。一ページでも一節《いっせつ》でもいい。大聖人の御精神を求め抜いていくのです。

戸田先生はよく、「行き詰《づ》まった時こそ、御書を開け」「疲《つか》れた時こそ、御文《ごもん》を心肝《しんかん》に染《そ》めよ」と語られた。

御書を開けば、「希望」も「勇気」も「智慧《ちえ》」も、いくらでも湧《わ》いてくる。絶対《ぜったい》の確信《かくしん》が生まれる。決して尽《つ》きない「泉《いずみ》」のようなものです。

（『御書と青年』）

②教学を身につけるためには

一行でも、一節《いっせつ》でも

一行でも、一節《いっせつ》でもいい。日々の生活と広布の戦いの中で、御書を拝《はい》していくことだ。

御書を「わかろう、わかりたい」と一生懸命《いっしょうけんめい》、努力することだ。

真剣《しんけん》であれば、毛穴《けあな》からでも入っていく。

戸田先生は「一行一行、御書を拝《はい》しながら、『その通りです。まったく、その通りです』と深く拝読《はいどく》していくんだ」と言われていた。

頭《あたま》でわかるのと、信心でわかるのとは違《ちが》う。

自らの身に当ててみて、「ああ、このことだったのか」と、わかる時が必ず来るのだ。


（『勝利の人間学』）

実践《じっせん》してこそ

「信心なくして教学だけを誇《ほこ》り、鼻にかけているような人は増上慢《ぞうじょうまん》です。最後は仏法《ぶっぽう》のうえで、仇《あだ》となる人になってしまう。戸田先生は、よく、理屈《りくつ》だけ覚《おぼ》えて信心のない者は、九官鳥《きゅうかんちょう》や鸚鵡《おうむ》と同じであると、厳《きび》しく言われておりました。

どうか、皆《みな》さんは、御書の一節《いっせつ》でもよいから、徹底《てってい》して実践《じっせん》し、身で読んでいただきたい。それが大聖人の教えを、すべて読みきったことに通《つう》じるからです」


（小説『新・人間革命』6巻「加速」）

枝葉《しよう》の論議《ろんぎ》に走らない

教学を学ぶ際《さい》に、〝ホシ〟を外《はず》してはならない。

戸田先生は、要点を忘《わす》れて枝葉《しよう》の論議《ろんぎ》に走る教学を戒《いまし》められ、四条金吾《しじょうきんご》を例にあげて、こう語られた。

「きちっとした教学をしっかりと身につけていきなさい。中務三郎左衛門尉《なかつかさざぶろうざえもんのじょう》が一人であったか、二人であったかなどということは、戸田には何の関係もない。私の教学は、四条金吾《しじょうきんご》がどのように信心をしていたか、大聖人が信心について、どのように教えられ戦われたか、という戦う教学だよ」

先生の教学は、どこまでも「実践《じっせん》の教学」であった。「師弟の教学」であり、「広宣流布の教学」であった。

（全国最高協議会　聖教新聞2006年8月5日付）

③御書講義《こうぎ》に臨《のぞ》む姿勢《しせい》とは？

感動を率直《そっちょく》に語って、励《はげ》ます

御書には、何ものも恐《おそ》れぬ師子王《ししおう》の心と、人々を救わずにはおかないという仏《ほとけ》の大慈悲《じひ》が脈打《みゃくう》っている。

御本仏《ごほんぶつ》が直接《ちょくせつ》、私たちを励《はげ》ましてくださっているのだ。御書は励ましに満《み》ちている。その励ましに、生命が感応《かんのう》しないはずがない。

御書からいただいた感動、勇気を、率直《そっちょく》に語ることだ。話のうまい下手《へた》は関係ない。「断《だん》じて、この御書で友を励《はげ》ますのだ」という一念《いちねん》で決まる。

学会がここまで発展《はってん》したのは、なぜか。

それは、深い哲理《てつり》に基《もと》づいた、力強《ちからづよ》い「励《はげ》まし」があったからだ。これからも皆《みな》で、学んでは語り、語っては、また学ぶのだ。

（『勝利の人間学』）

万全《ばんぜん》の準備をもって

一回一回の会合も真剣《しんけん》勝負で取り組むことだ。中心者も、登壇者《とうだんしゃ》も、事前《じぜん》に十分に原稿《げんこう》等を用意し、よく打ち合わせを重《かさ》ねて、万全《ばんぜん》の態勢《たいせい》で臨《のぞ》んでいただきたい。

私も青年部時代、疲労《ひろう》のあまり、準備《じゅんび》が不十分なままに御書講義《こうぎ》を担当《たんとう》して、受講者《じゅこうしゃ》の方から叱《しっ》責《せき》され、猛省《もうせい》したことがある。

皆《みな》、大変な状況《じょうきょう》のなか、真剣《しんけん》な求道心を燃《も》え上《あ》がらせて、会合に出席しておられる。がっかりさせたり、いやな思いをさせたりすることは、断《だん》じて許《ゆる》されない。

（全国最高協議会　全集94巻）

④教学試験を推進《すいしん》する意義《いぎ》

最高に価値《かち》ある人生を送るために

アメリカの友は「新会員が教学試験を受けるまでが折伏《しゃくぶく》だ」と語り合っているそうだ。うれしいことである。

人生、どういう価値観《かちかん》を持って生きるか。人間の輝《かがや》きはそれで決まる。皆《みな》さんは最高の法を持《たも》っておられる。

財宝《ざいほう》や地位を持つのもいいだろう。しかし、それだけでは永遠性《えいえんせい》はない。三世《さんぜ》の生命から見たときに、一番の大躍進《だいやくしん》の源泉《げんせん》である妙法《みょうほう》を、皆《みな》さんは持《たも》っている。

仏法《ぶっぽう》は、生命それ自体が最高の宝《たから》であると教えているのである。

（今日も広布へ　聖教新聞2013年11月15日付）

学び抜く人に無限《むげん》の力《ちから》が

あの「〝まさか〟が実現《じつげん》」の大阪の戦い――。

私たちは最初に拝《はい》した。

「何《いか》なる世《よ》の乱《みだ》れにも各各《おのおの》をば法華経《ほけきょう》・十羅刹《じゅうらせつ》・助《たす》け給《たま》へと湿《しめ》れる木《き》より火《ひ》を出《いだ》し乾《かわ》ける土《つち》より水《みず》を儲《もう》けんが如《ごと》く強盛《ごうじょう》に申《もう》すなり」（御書一一三二ジー）

この御金言《ごきんげん》を皆《みな》が深く命に刻《きざ》みつけ、揺《ゆ》れ動《うご》く時代に、大確信《だいかくしん》の祈《いの》り、強盛《ごうじょう》なる信心から出発した。（中略）

この昭和三十一年（一九五六年）に行った教学試験も、試験のための試験などではない。

幸福勝利のための試験であった。

一騎当千《いっきとうせん》の闘士《とうし》を鍛《きた》えるための試験であった。

大聖人は、法華経《ほけきょう》の文字《もじ》について「肉眼《にくげん》の者《もの》は文字《もじ》と見《み》る二乗《にじょう》は虚空《こくう》と見る菩薩《ぼさつ》は無量《むりょう》の法門《ほうもん》と見る、仏《ほとけ》は一一の文字を金色《こんじき》の釈尊《しゃくそん》と御覧《ごらん》あるべきなり即持仏身《そくじぶっしん》とは是《これ》なり」（御書一〇二五ジペー）と教えられている。

同じ御文《ごもん》であっても、拝《はい》する境涯《きょうがい》や一念《いちねん》の作用《さよう》によって深さが変わる。

御書根本に戦おう！　そう決めて、学び抜く人には、無限《むげん》の力《ちから》が涌現《ゆげん》するのだ。


（『随筆　対話の大道』２０１１年９月10日）

学会はどこまでも「行学《ぎょうがく》の二道《にどう》」で進む

戸田先生が亡《な》くなられて（昭和三十三年〈一九五八年〉四月二日）、いちばん最初に行《おこな》った全国行事《ぎょうじ》が任用《にんよう》試験（四月六日）だった。

まだ告別式《こくべつしき》（四月八日）も終えていない、大師匠を失《うしな》った悲嘆《ひたん》のなかで、予定を変更《へんこう》することなく、厳然《げんぜん》と行《おこな》われたのが教学試験だったのです。全国六十余《よ》都市の会場で、多くの同志《どうし》が受験した。

世間は、先生亡《な》き後《あと》の学会を、さまざまに揶揄《やゆ》し、中傷《ちゅうしょう》した。その最中《さなか》でも、学会は、ひたぶるに「行学《ぎょうがく》の二道《にどう》」を歩んだのです。

（法華経の智慧　全集30巻）

6——信心の継承《けいしょう》

①子どもが、なかなか信心に立ち上がりません

「信念、生き方、情熱《じょうねつ》」を賢明《けんめい》に伝える

私たちは、法のため、人のために奉仕《ほうし》している。エゴの人生ではない。ゆえに人よりも忙《いそが》しいし、団欒《だんらん》の機会も思うままには取れないかもしれない。それでも人に尽《つ》くして生きている。いちばん尊《とうと》い人生なのである。

その信念、生き方、情熱《じょうねつ》を、子どもたちが理解《りかい》し尊敬《そんけい》できるようにしてあげなければならない。愛情《あいじょう》も信念も、〝黙《だま》っていても、いつかわかってくれるだろう〟と考えるのは誤《あやま》りである。意識《いしき》して〝表現《ひょうげん》〟しなければならない。あせらず、そして賢明《けんめい》に伝えていくことである。その「知恵《ちえ》」が「信心」の表れなのである。

（SGI代表者会議　全集82巻）

自分がしっかりしていればいい

両親や夫や奥さんがなかなか入会しない、あるいは子どもが信心に立ち上がらないからといって、あせる必要はありません。

大聖人も「この功徳《くどく》は父母・祖父母・乃至無辺《ないしむへん》の衆生《しゅじょう》にも・をよぼしてん」（御書一二三一ジペー）――この功徳《くどく》は、あなたの父母・祖父母、さらに無辺の衆生にもおよんでいくでしょう――と仰《おお》せです。自分がしっかりしていれば、すでに道は開かれているのですから、安心していい。太陽は一つ昇《のぼ》れば、全部を照《て》らしていける。自分が一家・一族の太陽になればいいのです。

（法華経の智慧　全集30巻）

恥《は》じることはない

「自分が幹部で、子どもさんが一生懸命《いっしょうけんめい》に信心していないことから、〝幹部として恥《は》ずかしい。皆《みな》に申《もう》し訳《わけ》ない〟と、何か後ろめたい思いでおられる方もいるかもしれない。また、〝幹部なのに……〟と厳《きび》しい目で見ている人もいるかもしれない。

しかし、負けてはいけません！　決して恥《は》じることはありません。全部、深い意味があるんです。要《よう》は、子どもさんが信心に励《はげ》み、幸せになれるように、強盛《ごうじょう》に祈《いの》り、日々、真剣《しんけん》に努力し抜いていくことが大事なんです。

むしろ、子どもさんのことで、確信《かくしん》を失《うしな》い、元気が出なくなってしまったり、学会活動に対して遠慮《えんりょ》がちになってしまったりすることの方が問題です。それこそが、魔《ま》に破《やぶ》られてしまっていることだからです。何があろうが、めげたり、萎縮《いしゅく》してしまったりすることなく、大生命力をみなぎらせ、堂々《どうどう》と胸《むね》を張《は》って、戦うんです。そして、周囲《しゅうい》の若《わか》い後継《こうけい》の世代を温かく励《はげ》まして、全力で育成していけばいいではありませんか！」

（小説『新・人間革命』27巻「求道」）

最後はよくなるに決まっている

今、子どもが頑張《がんば》っていないから、親の信心に問題があるとは言えない。子どもは長い目で見てあげなければならないし、「問題児」などと言われている子ほど、案外《あんがい》しっかりと、いろいろ考えている場合も多い。

（中略）

「本末究竟等《ほんまつくきょうとう》」です。「本《ほん》」は親の信心、「末《まつ》」は子どもの信心。究竟《くきょう》して——結局のところ、「等しい」のです。御本尊と、御本尊を広宣流布している創価学会を、大事にする「心」を、我《わ》が身《み》で示《しめ》しきっていくことです。それさえあれば、最後はよくなるに決まっている。

（法華経の智慧　全集31巻）

②わが子に、信心を伝えるためのポイントは？

「学会が好き」な子どもに

あんまり、口《くち》やかましく言わないで、学会を尊敬《そんけい》し、好きにさせることが根本です。信心は一生なんだから、だんだん分かっていけばいい。杓子定規《しゃくしじょうぎ》になって、「これだけやらないとダメ」みたいな押《お》しつけは賢明《けんめい》でない場合が多いでしょう。

創価学会を愛し、大事にすること、その心を教えていくことだ。創価学会が好きで好きでたまらないという子どもに育ててもらいたい。その心があれば、最後は必ず立派《りっぱ》になっていく。

（法華経の智慧　全集31巻）

戸田先生「かわいがってあげなさい」

戸田先生の質問会《しつもんかい》でも、「家族に信心を反対されている」という悩《なや》みが多かった。先生は、子どもが信心に反対の人には、「本当に真剣《しんけん》に、子どもをかわいがってあげなさい」と教えておられた。

「親が子どもを献身的《けんしんてき》にかわいがって、それで、その親に、はむかうはずがありません。親の慈《じ》悲《ひ》には勝てません。子どもを愛する情熱《じょうねつ》にとぼしいから、家庭にそういう争議《そうぎ》が起こってくるのです。子どもが悪いのではない。親が悪いのです。それを御本尊が悪いように、なんくせをつけると、災難《さいなん》は大きいのです」と。

（法華経の智慧　全集31巻）

「一個の人間」として信じる

できるかぎり、子どもに「私は、あなたの最大の味方なんだ」という気持ちを伝えてもらいたいと思う。黙《だま》っていても通じる場合もあるが、そうでない場合も多い。

「私は、あなたが、どんなふうになっても、絶対《ぜったい》に、あなたを守る。あなたを支《ささ》える。あなたが『いい子』だから愛しているんじゃない。『勉強ができる』から大事にするんじゃない。『がんばっている』から好きなんじゃない。あなたがあなただから好きなんだ。もしも、世界中の人が、あなたを非難《ひなん》しても、みんながあなたをいじめても、私だけは絶対《ぜったい》に、あなたを守る！　あなたは、私だけは信じていいんだよ！」と。

あらたまって、そんなことを言う必要はないが、「心」もやはり、何らかの「かたち」にして伝えないと、わからない面がある。〝雑音《ざつおん》〟の多い現代は、なおさらです。

「ありのままの自分を、そのまま受け入れてくれる人」が一人でもいれば、「自分の幸せを自分以上に喜んでくれる人」が一人でもいれば、「その人がいる」と自覚《じかく》していれば、人間は、そんなに大きく道を誤《あやま》らないものです。お子さんを「一個の人間」として尊敬《そんけい》し、信じてあげてほしいと思うのです。

（希望対話　全集65巻）

忙《いそが》しくても対話する工夫を

どんなに忙《いそが》しくとも、子どもと接《せっ》し、対話する工夫《くふう》をお願いしたい。

大切なのは、時間ではない。知恵《ちえ》である。家をあける場合は、「メモ」を置いてメッセージを伝えるとか、「電話」で連携《れんけい》をとるとか、何かの形で必ず子どもとコミュニケーション（やりとり）できる配慮《はいりょ》をすることである。

子どもがうちに帰った。だれもいない。どこに行ったかもわからない。メッセージもない。これでは子どもは寂《さび》しい。心が安定できない。かわいそうである。寂しい思いをさせてはならない。短い時間であっても、会えば抱《だ》きしめてあげたり、スキンシップをして交流をする。話を聞いてあげる時間をつくる努力をする――慈愛《じあい》さえあれば、いくらでも知恵《ちえ》は出るはずである。信心は「知恵《ちえ》」として表れる。

（SGI代表者会議　全集82巻）

長い目で見る

子どもは、時々「休む」ことがあるものです。それは親から見たら、怠《なま》けているだけのように見えるが、次へのエネルギーを「充電《じゅうでん》」している場合も多いものです。半年くらいしたら、また元気にがんばりだすことも多い。ゆったりと包《つつ》んであげたほうがいいときに、追いつめると、逆効果《ぎゃくこうか》になる場合があります。

子どものために「よかれ」と思ってしたことが、かえって裏目《うらめ》に出る場合もある。本当にむずかしい。しかし、時間がかかっても、粘《ねば》り強《づよ》く乗《の》り越《こ》えれば、かけがえのない経験《けいけん》となって光るものです。

長い目で見てあげてください。親の愛を求めていない子はいません。親が信じてあげなければ、だれが信じてあげられるでしょう。

（希望対話　全集65巻）

「誓」の揮毫

今月の広布史

1月の広布史

■１・１『人間革命』連載開始

１９６５年（昭和40年）元日、小説『人間革命』の連載が聖教新聞で始まる。93年（平成５年）２月11日に連載回数１５０９回（全12巻）で完結。

※参考＝『新・人間革命』９巻「衆望」

■１・２　池田ＳＧＩ会長が男子第１部隊長に

53年（同28年）、25歳の誕生日を迎えた若き日の池田ＳＧＩ会長が男子第１部隊長に就任。１年間で、３倍となる陣列拡大を達成。

※参考＝『人間革命』７巻「飛翔」

■１・15「中等部結成記念日」

65年（同40年）、中等部が結成された。

※参考＝『新・人間革命』９巻「鳳雛」

■１・25「大阪事件」無罪判決

57年（同32年）７月３日、ＳＧＩ会長（当時、青年部の室長）は、大阪の参院補欠選挙の選挙違反という事実無根の容疑で不当逮捕される。７月17日に出獄。４年半にわたる法廷審理を経て、62年（同37年）１月25日、無罪判決。検察は控訴を断念し、同年２月８日、無罪が確定した。

※参考＝『新・人間革命』５巻「獅子」

■１・26「ＳＧＩの日」

75年（同50年）、グアム島に世界51カ国・地域の代表が集い第１回「世界平和会議」が開催され、この日が淵源となった。
※参考＝『新・人間革命』21巻「ＳＧＩ」

2月の広布史

■「2月闘争」

１９５２年（昭和27年）2月、ＳＧＩ会長は24歳で蒲田支部の支部幹事に。「２０１世帯」の弘教を達成。
※参考＝『人間革命』５巻「驀進」
『新・人間革命』３巻「平和の光」

■2・11「第2代会長 戸田城聖先生誕生日」

１９００年（明治33年）、戸田城聖第２代会長は、現在の石川県加賀市塩屋町で生まれた。

※参考＝『教学の基礎』『新会員の友のために③』

■2・17「農漁光部の日」

77年（昭和52年）2月17日、学会本部で開催された農村部（当時）の第１回勤行会を記念して「部の日」が制定された。後に農漁村部に発展。２０１１年（平成23年）12月に農漁光部となった。
※参考＝『新・人間革命』24巻「灯台」

3月の広布史

■3・5「壮年部結成記念日」

1966年（昭和41年）、学会本部に750人の代表が集い、壮年部が結成された。

※参考＝『新・人間革命』10巻「桂冠」

■3・8「芸術部の日」

62年（同37年）、芸術部が20人で発足。

※参考＝『新・人間革命』13巻「光城」

■3・11「小樽問答記念日」

55年（同30年）、北海道小樽市の公会堂で、創価学会と日蓮宗（身延派）の法論が行われた。SGI会長（当時、青年部の室長）が司会を務め、学会側の完全勝利に終わった。

※参考＝『人間革命』9巻「発端」「小樽問答」

■3・16「広宣流布記念の日」

58年（同33年）、男女青年部6000人が集い、〝広宣流布の記念式典〟が開かれた。戸田第2代会長は、「創価学会は、宗教界の王者」と宣言。広布のバトンを後継の青年に託した。

※参考＝『人間革命』12巻「後継」

4月の広布史

■4・2「第2代会長 戸田城聖先生命日」

1958年（昭和33年）、戸田第2代会長は、58年の尊い生涯を閉じた。

※参考＝『人間革命』12巻「寂光」「新・黎明」

『新・人間革命』4巻「春嵐」

■4・11「ヤング・ミセスの日」

86年（同61年）、SGI会長夫妻が出席した東京・北多摩圏（当時）のヤング・ミセスの集いが淵源。

※参考＝ヤング・ミセス指導集『幸福の太陽』

■4・18「大学会の日」

53年（同28年）、戸田第2代会長が5人の東大生に法華経の講義を始めた日が淵源。68年（同43年）の春、SGI会長の提案を受けて大学会が誕生。

※参考＝『人間革命』8巻「学徒」

『新・人間革命』13巻「金の橋」

■4・20「聖教新聞創刊記念日」

51年（同26年）、聖教新聞が創刊。当時は、発行部数5000部、10日に1度、2ページ建て。

※参考＝『人間革命』4巻「怒濤」、5巻「烈日」

『新・人間革命』4巻「凱旋」、10巻「言論城」、14巻「大河」

■4・28「立宗の日」

1253年（建長5年）、日蓮大聖人が32歳の時に立宗を宣言。「建長五年太歳癸丑四月二十八日に（中略）此の法門申しはじめて」（御書1189ページ）。

※参考＝『人間革命』6巻「七百年祭」

5月の広布史

■5・3「創価学会の日」

1951年（昭和26年）、75万世帯の弘教を掲げ、戸田第2代会長が就任。60年（同35年）には池田第3代会長が誕生した。

※参考＝『人間革命』5巻「烈日」、12巻「新・黎明」

■5・3「創価学会母の日」

88年（同63年）4月の第1回全国婦人部幹部会でのSGI会長の提案を受け、定められた。

※参考＝『随筆　師弟の光』

■5・5「創価学会後継者の日」

76年（同51年）、鳳雛会・未来部の記念勤行会の席上、発表された。

■5・9「音楽隊の日」

音楽隊は54年（同29年）5月6日に結成。初出動した日が淵源。

■5・19「創価学会常住御本尊記念日」

51年（同26年）5月3日の戸田第2代会長就任式の席上、創価学会常住御本尊を発願。同月19日に認められた。
※参考＝『人間革命』5巻「烈日」「随喜」

6月の広布史

■6・6「初代会長 牧口常三郎先生誕生日」
１８７１年（明治４年）、牧口常三郎初代会長が現在の新潟県柏崎市荒浜に生まれた。１９２８年（昭和３年）に日蓮大聖人の仏法に帰依。戦時下、軍部政府の弾圧に抗して信仰を貫き、44年（同19年）11月18日、獄中で73歳の生涯を閉じた。
※参考＝『人間革命』3巻「平和の光」『新・人間革命』2巻「勇舞」、12巻「栄光」、15巻「開花」

■6・7「高等部結成記念日」
64年（同39年）、未来部として最初に高等部が結成された。
※参考＝『新・人間革命』9巻「鳳雛」

■6・10「婦人部の日」
51年（同26年）、戸田第2代会長のもとに婦人の代表が集い、出発をした日が淵源。
※参考＝『人間革命』5巻「随喜」

■6・25「団地部の日」
78年（同53年）、団地部の第1回全国大会を記念して定められた。
※参考＝『新・人間革命』24巻「灯台」

■6・30「学生部結成記念日」
57年（同32年）、東京・麻布公会堂（当時）で、学生部結成大会が行われた。
※参考＝『人間革命』8巻「学徒」、「脈動」（学生部設置）、11巻「夕張」

7月の広布史

■7・3「戸田第2代会長出獄の日、池田第3代会長入獄の日」

1945年（昭和20年）、軍部政府の弾圧により、投獄されていた戸田第2代会長（当時・理事長）が出獄。

57年（同32年）、大阪府警が、参議院大阪地方区の補欠選挙で支援の責任者であったSGI会長（当時、青年部の室長）を不当逮捕（大阪事件）。7月17日に釈放。同日、中之島の大阪市中央公会堂で「大阪大会」が開かれた。
※参考＝『人間革命』1巻「黎明」、4巻「生命の庭」、11巻「大阪」
『新・人間革命』4巻「立正安国」、5巻「獅子」
『池田大作全集』22巻

■7・11「男子部結成記念日」

51年（同26年）、東京・西神田の旧学会本部で、男子部が結成された。
※参考＝『人間革命』5巻「随喜」

■7・19「女子部結成記念日」

51年（同26年）、旧学会本部で女子部結成式が行われた。
※参考＝『人間革命』5巻「随喜」

8月の広布史

■8・12「教育原点の日」

1975年（昭和50年）、教育部夏季講習会でSGI会長は、「私の人生における最終の事業は教育」との決意を。この日が「教育部の日」となり、2002年（平成14年）に「教育原点の日」に。

※参考＝『新・人間革命』24巻「人間教育」

■8・24「第3代会長入信記念日」

19歳だったSGI会長は47年（同22年）、8月14日、東京・蒲田での座談会に出席。戸田第2代会長（当時、理事長）と出会い、10日後の24日に入信した。

※参考＝『人間革命』2巻「地涌」『随筆　平和の城』

■8・24「聖教新聞創刊原点の日」

50年（同25年）、戸田第2代会長（当時・理事長）の事業が苦境に陥る中、聖教新聞発刊の構想を、戸田会長と若きSGI会長が語り合った日が淵源。

※参考＝『人間革命』4巻「怒濤」

■8・24「壮年部の日」

76年（同51年）6月、副会長室会議で定められた。

「8・24」と壮年部

池田SGI会長は、入信の日「8・24」を迎える心情を、こう綴っている。

「わが胸には、戸田城聖先生の弟子として第一歩を踏み出した、あの十九歳の夏の初心が今も明々と燃えている」(「随筆　民衆凱歌の大行進」)

「来る夏、来る夏、八月二十四日を刻むたびに、勝利した姿で、恩師に報告するのだと決意してきた」(同)

「私は、あの『八・二四』の『誓い』を原点として、ただただ師匠・戸田先生に喜んでいただきたい一心で広布に生き抜いてきた。

『壮年部の日』を、学会として、この日に定めたのも、わが盟友たる壮年部には、私と同じ心で断固と進んでほしかったからである」(「随筆　我らの勝利の大道」)

この日は、戸田第2代会長が事業面での最大の苦境の中、影響が学会に及ばないようにと、理事長を辞任する意向を発表した日でもある。

「悔しさに歯を食いしばり、私は巌窟王の如く誓った。

――このどん底を何としても打開して、絶対に先生に第二代の会長に就任していただく

のだ、と」（同）

さらに、大切な〝歴史〟がある。

「聖教新聞の創刊の構想を先生と二人で語り合ったのも、同じ八月二十四日であった。

広宣流布の未来を開く言論城、聖教の『創刊原点の日』だ」

「この師弟で刻んだ〝創刊原点の日〟から八カ月後、戸田先生が第二代会長に就任される直前の一九五一年（昭和二十六年）の四月二十日に、聖教新聞は誕生したのである」（同）

厳粛な創価の師弟の歴史の日「8・24」——。壮年部は次の言葉を胸に刻みたい。

「八月二十四日！

それは、創価の師弟が、偉大な『人間革命』の旅に出発する原点の日だ。決意新たに、広宣流布の戦いを奮い起こす日だ！」（同）

■8・29「国際部の日」

68年（同43年）、SGI会長が通訳や翻訳に携わる友を激励した日が淵源。3年後に「国際部」発足。2002年（平成14年）、「国際本部」に拡充。

■8・31「学生部の日」

62年（同37年）、SGI会長が学生部の代表に開始した「御義口伝」の講義が淵源。

※参考＝『新・人間革命』6巻「若鷲」

9月の広布史

■9・8「原水爆禁止宣言の日」

1957年（昭和32年）、戸田第2代会長は、青年への第一の遺訓として〝核兵器は絶対悪である〟と訴えた。この「原水爆禁止宣言」は、創価学会の平和運動の原点となった。

※参考＝『人間革命』4巻「疾風」、12巻「宣言」

『新・人間革命』7巻「文化の華」「操舵」

■9・9「女子学生部の日」

75年（同50年）、女子部学生局（当時）の会合が淵源。

※参考＝『新・人間革命』22巻「波濤」

■9・12「教学部の日」

76年（同51年）制定。1271年（文永8年）9月12日、日蓮大聖人が竜の口の法難に遭われ、発迹顕本を遂げられたことに由来。

■9・15「ドクター部の日」

75年（同50年）、ドクター部の総会が淵源。

※参考＝『新・人間革命』22巻「命宝」

■9・23「少年少女部結成記念日」
65年（同40年）、ＳＧＩ会長の提案により結成。
※参考＝『新・人間革命』9巻「鳳雛」

10月の広布史

■10・1「学術部の日」
1972年（昭和47年）10月1日発行の「大白蓮華」誌上での、てい談「生命論」の連載開始が淵源。

■10・2「世界平和の日」
60年（同35年）、ＳＧＩ会長が初の海外訪問へ。世界広布の第一歩がしるされた日が淵源。

※参考＝『人間革命』12巻「涼風」「寂光」『新・人間革命』1巻「旭日」

■10・7「勝利島部の日」
78年（同53年）、約120島の友が集った離島本部（当時）の第1回総会を記念し、制定。
※参考＝『新・人間革命』28巻「勝利島」

■10・9「山口開拓指導」開始の日
戸田第2代会長の命を受け、56年（同31年）、ＳＧＩ会長は山口県へ。翌年1月には山口の会員世帯数を約10倍とする弘教を達成。
※参考＝『人間革命』11巻「転機」

■10・24「社会部の日」

73年（同48年）、職場・職域を同じくする同志の成長を目的に結成。

※参考＝『新・人間革命』24巻「灯台」

11月の広布史

■11・3「創価文化の日」

人間文化の創造を目指し、学会では「文化の日」を「創価文化の日」と定めている。

■11・5「男子部の日」

1961年（昭和36年）、〝精鋭10万人〟の結集を実現した第10回男子部総会（東京・国立競技場）が淵源。

※参考＝『新・人間革命』5巻「勝利」

■11・12「女子部の日」

61年（同36年）、横浜・三ツ沢の競技場に、全国から8万5000人が集い、開催された第9回女子部総会が淵源。

※参考＝『新・人間革命』5巻「勝利」

■11・15「地域部の日」

87年（同62年）、地域部の第1回総会を記念して制定。

■11・18「創価学会創立記念日」

30年（同5年）、牧口初代会長が戸田第2代会長と共に発刊した『創価教育学体系』第1巻の発刊日が淵源。

※参考＝『新・人間革命』3巻「平和の光」、7巻「文化の華」、12巻「栄光」、27巻「正義」

■11・18「専門部の日」

73年（同48年）、専門的な技能・実力をもち、社会で重責を担う人びとの集いとして専門部が発足。

※参考＝『新・人間革命』24巻「灯台」

12月の広布史

■12・2『人間革命』の執筆開始

1964年（昭和39年）、SGI会長が小説『人間革命』の執筆を沖縄の地で開始。

※参考＝『新・人間革命』2巻「先駆」、9巻「衆望」

■12・2「文芸部の日」

64年（同39年）、『人間革命』起稿の日が淵源。

※参考＝『新・人間革命』14巻「使命」

■12・22「統監部の日」

52年（同27年）、戸田第2代会長のもと統監部が設置された。

※参考＝『人間革命』6巻「離陸」

黄金柱の誉れ

創価学会壮年部 指導集

発行日 2016年10月2日
第四刷 2016年11月18日

編者 「黄金柱の誉れ」編集委員会

発行者 松岡 資
聖教新聞社
〒160-8070 東京都新宿区信濃町18
電話 03-3353-6111（大代表）

デザイン 株式会社トランプス

印刷・製本 図書印刷株式会社

定価は表紙に表示してあります
ISBN978-4-412-01614-9